LE GUIDE DU GRAND ORAL

Sous la direction de Stéphane de Freitas

Oriane AGUILLON
agrégée de SVT

Aymeric BIANGONGA
agrégé de SES

Hélène COCHARD
agrégée de Mathématiques

Florence COLIN
certifiée en documentation, formatrice INSPE de Créteil (UPEC)

Josiane DECERF
certifiée en documentation, formatrice INSPE de Créteil (UPEC)

Philippe JAUBERT
certifié de Technologie, chargé d'enseignement en informatique (NSI et SNT)

Laurie LAVOGEZ
certifiée d'Histoire-Géographie

Élodie PINEL
agrégée de Lettres modernes, certifiée de Lettres classiques

Geneviève PONSONNET
agrégée de Physique-Chimie

Ludovic POTTIER
certifié d'Économie-Gestion

Yann WALTERS
certifié d'Anglais

Avec la collaboration
de **Gaëlle ROLIN**

LeRobert

Crédits des exercices :
Pierre Derycke : S'échauffer et trouver son corps d'orateur ou d'oratrice ; La respiration abdominale ; La méditation.
Stéphane de Freitas : Le vice versa ; Le hackaton des questions ; La tempête des idées ; Jury d'un jour ; La répétition générale ; Le crayon dans la bouche ; La montagne ; La ponctuation du silence ; La tête à claps ; Les gestes ; Le jeu du regard ; Moi, Président·e ; Les causes.
Alexandra Henry : La présentation du super-héros.
Gildas Laguës : Plus tard, je serai… ; Les *soft skills* ; Comprendre les environnements qui vous correspondent.
Loubaki Loussalat : Les points cardinaux de la déclamation.

Direction éditoriale : Anne Andrault
Édition : Charlotte Lebot
Conception graphique de la couverture : Margot Dubosq
Conception graphique de l'intérieur : Marina Delranc / Terre Lune
Mise en page : Alinéa
Relecture : Séphora Markarian
Illustrations et infographies : Pauline Clavel
Fabrication : Stéphanie Parlange

ISBN 978-2-32101-538-3

SOMMAIRE

AVANT-PROPOS

Vous êtes au lycée et le baccalauréat se profile pour vous dans les mois qui viennent ? Parmi les épreuves finales, vous passerez le Grand Oral : 5 minutes de prise de parole, seul·e, sans notes, sur une question de votre choix, suivies de 15 minutes d'échange avec le jury.

Quand vous vous projetez le jour J, vous vous demandez sûrement si vous serez convaincant·e, si vous saurez vous faire entendre clairement ? Vous êtes peut-être même un peu impressionné·e, stressé·e ?

Voyez surtout cette épreuve comme une expérience stimulante !
Au cours de ces 20 minutes, vous allez pouvoir partager votre curiosité, vos réflexions, montrer le fruit de votre travail. Vous allez aussi exposer au jury votre projet d'orientation, l'univers professionnel dans lequel vous vous imaginez ou le métier vers lequel vous souhaitez vous diriger. En somme, vous allez pouvoir raconter qui vous êtes, ce qui vous enthousiasme, ce qui vous révolte, ce qui vous fait vous lever le matin !

Pour cela, il vous faut vous préparer : trouver la question que vous allez présenter, apprendre à construire votre argumentation, à bâtir une présentation solide, à recevoir les critiques, mais aussi entraîner votre mémoire ou savoir comment vous tenir. Tout ce qui vous permettra d'avoir confiance en vous le jour J.

C'est ce que je vous propose dans ce livre, en adaptant la pédagogie *Porter sa voix* à l'examen, avec l'appui précieux d'une équipe pédagogique expérimentée.

Voyez aussi cet ouvrage comme un outil qui vous aidera, bien au-delà du baccalauréat, à devenir éloquent·e dans votre vie de tous les jours. Être éloquent·e, ce n'est pas parler pour descendre ses interlocuteurs et interlocutrices, leur en mettre plein la vue. Au contraire, c'est utiliser les bons mots, les bons gestes, la bonne posture pour dialoguer de manière constructive avec eux, qu'ils soient des membres du jury, ou des parents, des ami·es, des collègues, des supérieur·es hiérarchiques ou encore des personnes inconnues que vous aurez rencontrées dans les transports en commun et avec lesquelles s'amorcerait une discussion.

Vous utilisez sûrement les réseaux sociaux. Ce sont de fabuleux outils qui permettent à tous de s'exprimer. Mais trop souvent, à coup de *punchlines*, de phrases choc qui ferment le débat plutôt que de le faire avancer. C'est pour cette raison qu'en 2013, j'ai créé les formations Eloquentia. Je voulais offrir aux jeunes la possibilité d'apprendre à dialoguer et à débattre sereinement, à se poser mutuellement des questions et à s'écouter les uns les autres. Les concours de prise de parole en public organisés à l'université de Saint-Denis puis dans de nombreuses villes de France sont devenus de vrais moments de célébration : les étudiant·es s'affrontent dans le respect, l'écoute et la bienveillance sur des questions philosophiques et sont ovationné·es, comme dans un stade de foot, par leurs supporters et supportrices !

Dans le documentaire *À voix haute : La Force de la parole*, auquel vous avez accès avec cet ouvrage, vous verrez des étudiant·es, à peine plus âgé·es que vous, issu·es de l'une de ces formations prendre confiance, se demander quelles sont leurs convictions, leurs doutes, leurs rêves et les partager avec sincérité avec les autres membres du groupe. Vous verrez Leïla vaincre sa peur de parler en public, Eddy progresser, Elhadj affirmer que s'il avait eu les bons mots au bon moment, il aurait pu changer littéralement certains événements de sa vie. Vous comprendrez que prendre la parole permet de trouver sa place.

Trop de gens, malheureusement, pensent encore qu'on gagne un débat, comme on gagne un combat. En faisant taire l'autre. En refusant la contradiction, l'échange. Or, nous n'avons plus le temps pour ça.
Les crises de la démocratie dans de nombreux pays du monde, l'urgence climatique et l'épidémie du COVID-19 l'ont montré : les défis qui nous

attendent, et en particulier votre génération, sont colossaux. Pour les relever, il sera essentiel de savoir se parler, dialoguer et s'écouter, pour trouver des solutions et créer un monde collectif. Dans nos sociétés participatives, chaque voix peut compter. En outre, dans vos futures carrières professionnelles, vous devrez être en pleine possession de vos instruments de communication : votre bouche et vos oreilles. Alors, apprenez à utiliser ce matériau merveilleux qu'est la parole avec un double objectif en tête : réussir votre baccalauréat, bien sûr, mais surtout porter votre voix dans la société.

Bonne lecture,
Stéphane de Freitas

LA PRISE DE PAROLE ÉDUCATIVE

Vous vous êtes sûrement déjà dit de quelqu'un qui était à l'aise à l'oral qu'il ou elle avait « la tchatche », que c'était naturel pour lui ou pour elle. Il est vrai que certaines personnes ont un talent inné pour prendre la parole devant les autres. D'ailleurs, ce ne sont pas toujours celles ou ceux qui ont le plus de choses à dire qui parlent…
Mais combien d'autres personnes ont dû apprendre à dépasser leurs peurs pour affirmer haut et fort ce qu'elles avaient à dire ! Parmi elles, des comédien·es, des humoristes, des avocat·es… Et si l'oral est présent de différentes manières dans les programmes scolaires, vous n'avez vraisemblablement jamais suivi de cours de prise de parole à l'école, comme vous avez suivi des cours de français ou de mathématiques. Il vous faut donc apprendre.

LA PRISE DE PAROLE ÉDUCATIVE : QU'EST-CE QUE C'EST ? À QUOI ÇA SERT ?

Pour vous lancer, vous devez d'abord développer votre confiance en vous.
C'est le premier fondement de « la prise de parole éducative », la pédagogie que j'ai détaillée dans le manifeste *Porter sa voix* (Le Robert, 2018) et qui a été adaptée dans ce livre pour vous aider à préparer le Grand Oral.

L'objectif de la prise de parole éducative, c'est de permettre aux personnes qui la pratiquent de mettre le doigt sur ce qu'elles ressentent et pensent et d'oser le formuler le plus clairement possible.

En voyageant à travers tous les aspects de la prise de parole, on se rend compte que la manière dont nous nous exprimons est intimement liée à notre confiance en nous, à notre éducation, à notre rapport aux autres et à notre personnalité.
Mais rien n'est figé. La prise de parole se travaille et on peut très rapidement progresser, à condition de la pratiquer et d'OSER.

Gardez à l'esprit qu'il n'y a pas une seule et unique manière de s'exprimer. Chacun·e d'entre nous a son timbre de voix, sa personnalité, sa propre gestuelle. Il n'y a pas UNE éloquence, mais autant d'éloquences qu'il y a d'individus. Est éloquent·e celui ou celle qui allie le fond (connaissances solides et acquises) à la forme (oralité, gestuelle). Mais on oublie trop souvent l'importance de l'authenticité.

Dans le cadre du Grand Oral, vous aurez toute l'année pour parfaire vos connaissances et être en maîtrise de la question à laquelle vous allez répondre.
Mais il est fondamental aussi de travailler sa « congruence ». Être le plus authentique possible. C'est-à-dire, être bien aligné avec ce que vous ressentez (votre intuition, votre sentiment, votre point de vue), ce que vous pensez (vos idées et vos arguments) et la manière dont vous l'extériorisez (votre ton, votre gestuelle, votre vocabulaire). Nous ne sommes jamais aussi convaincant·es que lorsque nous parlons de quelque chose qui nous tient à cœur, qui nous passionne ou qui fait écho à une aspiration (voire un rêve) personnelle ou professionnelle.

La prise de parole éducative, c'est la pratique de l'oral pour oser se révéler aux autres, afin que les autres nous aident à nous révéler à nous-même, à nous affirmer. Ainsi, s'entraîner individuellement à la prise de parole est une chose essentielle.

En suivant la méthodologie de cet ouvrage, vous aurez toutes les étapes pour vous préparer à votre Grand Oral, mais il est fondamental aussi de réussir à pratiquer la prise de parole éducative autant que possible avec un groupe (que ce soit en classe ou entre amis, avec vos parents, vos frères et sœurs, etc.) : on ne s'exprime pas de la même façon, seul devant son miroir ou sous le regard des autres. Ce n'est pas la même sensation, la même appréhension.

On oublie aussi que les autres – lorsqu'un cadre de respect, d'écoute et de bienveillance est observé – peuvent nous aider à grandir, à nous faire des remarques constructives, nous faire progresser. La pédagogie *Porter sa voix* propose une série d'exercices à pratiquer pour chaque matière.

En effet, l'apprentissage de la prise de parole éducative est organisé en cinq matières pour développer six compétences.

LES CINQ MATIÈRES DE LA PRISE DE PAROLE ÉDUCATIVE

Les cinq matières de la prise de parole éducative	
L'expression scénique	Des techniques de lâcher-prise et d'expression corporelle en groupe, comme vous pourriez les trouver dans un cours de théâtre.
La rhétorique	Apprendre à construire un propos clair, structurer un discours.
La poésie et le slam	Utiliser la richesse de la langue pour développer votre créativité et dire ce que vous souhaitez de la manière la plus originale.
La gestion du corps et de la voix	Comment bien respirer, que faire de vos bras, vos mains, comment vous tenir pour être sûr de vous faire entendre.
L'aspiration personnelle et professionnelle	Comprendre vos points forts et vos points faibles, pour vous projeter dans votre projet professionnel.

Vous trouverez dans ce livre de nombreux exercices inspirés des cinq matières de la prise de parole éducative.
En effet, ces matières sont directement en lien avec les compétences évaluées au Grand Oral. → Les critères de notation, p. 24

CE QUE DIT LE PROGRAMME

« Le jury valorise la solidité des connaissances du candidat, sa capacité à argumenter et à relier les savoirs, son esprit critique, la précision de son expression, la clarté de son propos, son engagement dans sa parole, sa force de conviction. »
« Le jury mesure la capacité du candidat à conduire et exprimer une réflexion personnelle témoignant de sa curiosité intellectuelle et de son aptitude à exprimer ses motivations. »

La rhétorique

La gestion du corps et de la voix et la poésie

L'expression scénique et la gestion du corps et de la voix

L'aspiration personnelle et professionnelle

➔ **Remarque :** La poésie et le slam ne sont pas des matières directement sollicitées dans le cadre du Grand Oral. Le jury n'attend pas de vous que vous utilisiez obligatoirement des figures de style ou que vous déclamiez votre texte. Néanmoins, la lecture et l'écriture de textes poétiques ou de slam vous permettent d'élargir votre vocabulaire et de nourrir votre créativité. Elles vous entraînent à chercher le mot juste et à viser l'écriture de textes riches et nuancés.

LES SIX COMPÉTENCES DE LA PRISE DE PAROLE ÉDUCATIVE

Au travers de ces cinq matières, la prise de parole éducative travaille six compétences.

Les six compétences travaillées par la prise de parole éducative	
L'introspection	Que pensez-vous d'un fait ou d'un événement ? Qu'est-ce qui vous révolte ? À quoi aspirez-vous professionnellement ? etc.
Le développement de l'esprit critique	Comment analyser un fait ou une opinion.
La structuration de votre propos	Comment organiser ce que vous voulez dire pour être clair·e et convaincant·e.
La mobilisation de vos connaissances	Comment utiliser ce que vous savez pour nourrir votre propos.
La créativité	Rédiger votre texte de la manière la plus personnelle ou originale possible.
La maîtrise du corps et de la voix	Comprendre comment fonctionne votre respiration, utiliser votre corps pour en faire une force et maîtriser vos émotions.

Ces compétences sont toutes sollicitées dans le cadre du Grand Oral :

– L'introspection dans le choix de votre question, en lien avec votre orientation professionnelle.

– Le développement de l'esprit critique, dans le traitement de votre question.

– La structuration du propos, dans la construction de votre présentation.

– La mobilisation des connaissances, dans la construction d'un propos en lien avec le programme, sur lequel le jury pourra rebondir.

– La créativité, dans la question choisie, dans les termes et thèmes utilisés, dans le type d'introduction, etc.
– La maîtrise du corps et de la voix pour porter son propos le plus clairement possible, tant dans le discours (premier temps de l'épreuve) que dans le dialogue avec le jury (deuxième et troisième temps). Il s'agit aussi de maîtriser des émotions (stress) qui pourraient vous désorienter.

➔ **Ces cinq matières et ces six compétences permettent, aux personnes qui les travaillent, d'exprimer en public ce qu'elles ont au fond d'elles, leurs convictions, leurs rêves, sur un sujet qui leur tient à cœur. C'est une aventure passionnante, et c'est ce qu'on attend de vous au Grand Oral.**

LE TRAVAIL EN GROUPE

Avec la prise de parole éducative travaillée en groupe, les préjugés s'effondrent et les certitudes sont bousculées : le groupe perçoit que nous sommes à la fois tous et toutes les mêmes et tous et toutes différents. Dans une classe qui a été formée à la prise de parole éducative, les élèves travaillent ensuite mieux ensemble parce qu'ils et elles connaissent mieux leurs camarades. Il y a souvent moins de tensions.

Ainsi, la force du groupe permet de progresser plus vite. C'est pour cette raison que dans les mois qui précèdent le Grand Oral, n'hésitez pas à pratiquer en groupe les exercices qui vous sont proposés dans ce livre, et si ces exercices sont pratiqués en classe ou au lycée, profitez-en ! Néanmoins, ce ne sera pas toujours possible en fonction des emplois du temps. Ce n'est pas grave. Vous pouvez aussi vous organiser en groupe de six ou sept camarades. C'est très utile pour faire de la prise de parole un jeu et ancrer des automatismes. Essayez de connaître les salles disponibles dans votre établissement (salles de permanence, foyer, CDI, etc.) et de pratiquer ces exercices pendant vos pauses déjeuner, ou retrouvez-vous en dehors du lycée pendant les week-ends ou les vacances.
De nombreux exercices dans ce livre peuvent aussi être réalisés seul, chez vous.

➔ **Si vous travaillez entre ami·es, veillez à bien respecter le cercle de valeurs (respect, écoute, bienveillance) : vous vous engagez à prendre la parole dans le respect des autres, l'écoute de vos interlocuteurs et interlocutrices, et la bienveillance. Ces trois valeurs sont primordiales pour que chacun·e puisse s'exprimer avec sincérité.**

Les extraits du documentaire *À voix haute* (auquel vous avez accès grâce à un code personnel ➔ Intérieur de la couverture), disséminés dans le livre, peuvent vous aider à comprendre comment travailler en groupe. Dans ces passages vous pourrez voir les étudiant·es pratiquer un exercice, partager leurs techniques, leurs doutes ou leur enthousiasme. Les voir en action vous permettra de prendre conscience de la puissance de la prise de parole éducative.
Après avoir regardé ces extraits, vous aurez envie de vous entraîner entre ami·es, je vous le garantis !

PARTIE

I

PRÉSENTATION
DE L'ÉPREUVE DU
GRAND ORAL

SUR QUOI PORTE LE GRAND ORAL ?

Au cours de l'année de Terminale, vous allez choisir de traiter deux questions qui portent sur vos deux enseignements de spécialité, soit pris isolément, soit abordés de manière transversale, c'est-à-dire mêlés.

EXEMPLE

Si vous avez choisi les spécialités Histoire-Géographie, Géopolitique et Sciences politiques (HGGSP) et Sciences économiques et sociales (SES), plusieurs possibilités s'offrent à vous :
- une question en Histoire-Géographie, Géopolitique et Sciences politiques et une seconde en Sciences économiques et sociales ;
- une question en Sciences économiques et sociales et une seconde transversale aux deux spécialités ;
- une question en Histoire-Géographie, Géopolitique et Sciences politiques et une seconde transversale aux deux spécialités ;
- deux questions transversales aux deux spécialités.

C'est à vous de trouver vos questions, en concertation avec vos professeur·es qui vous aideront au fil de l'année à définir une question et l'argumentation que vous présenterez le jour de l'oral.

➔ **Vous pouvez travailler vos questions avec d'autres élèves, notamment pour réfléchir à la manière de les traiter. Néanmoins le jour de l'épreuve, chacun·e doit présenter ses propres questions, ses propres réponses, ses propres idées, ses propres arguments,**

ou encore ses propres exemples. Vos présentations ne pourront pas être les mêmes que celles de vos camarades de classe.

Le choix des questions doit aussi refléter votre projet de poursuite d'études ou d'orientation professionnelle, pour que vous puissiez en parler avec le jury dans le troisième temps de l'épreuve orale.

➔ **Vous allez peut-être vous retrouver dans le cas où vous savez ce que vous souhaitez faire ensuite et où vous avez choisi les spécialités adéquates pour concrétiser ce projet d'orientation mais où les thèmes de celles-ci ne permettent pas d'aborder directement ce projet. Si c'est votre cas, n'hésitez pas à mettre en avant vos choix de spécialités et la construction de votre parcours.**

EXEMPLE

Vous souhaitez devenir vétérinaire et vous avez donc choisi les spécialités SVT et Physique-Chimie avec l'option Maths complémentaires en vue d'intégrer une prépa vétérinaire. Malgré tout cela, vous ne pourrez pas présenter de sujet sur les animaux car le programme, si ce n'est un très court paragraphe d'éthologie abordée d'un point de vue évolutif, n'en contient pas. Toutefois, même si la question n'est pas à 100 % en lien avec votre choix d'orientation, la mise en avant de celui-ci et l'articulation de vos spécialités peut aussi vous permettre de faire la synthèse de vos aspirations.

Les questions peuvent donner lieu à des recherches poussées au cours de l'année, à des entretiens, à des rencontres, à des stages, à la collecte de tout matériau qui pourra être utilisé pour nourrir la discussion le jour de l'épreuve.

➔ **En voie générale comme en voie technologique, vous devrez déposer de manière officielle ces deux questions en les écrivant sur un document, qui devra être signé par les professeur·es des spécialités concernées et portant le cachet de l'établissement scolaire. C'est à vous de remettre ce document au jury.**

LES DIFFÉRENTS TEMPS DE L'ÉPREUVE

Après 20 minutes de préparation, l'épreuve devant le jury dure 20 minutes, découpées en trois temps.

PRÉPARATION (20 MINUTES)

> **CE QUE DIT LE PROGRAMME**
> « Le jury choisit une des deux questions. Le candidat dispose de 20 minutes de préparation pour mettre en ordre ses idées et réaliser, s'il le souhaite, un support qu'il remettra au jury sur une feuille qui lui est fournie. Ce support ne fait pas l'objet d'une évaluation. L'exposé du candidat se fait sans note. »

Le jury choisit parmi les deux questions proposées. Vous disposez alors de 20 minutes pour préparer votre présentation.

Vous pouvez à ce moment-là rédiger, si vous le souhaitez, un support que vous remettrez au jury (mais qui ne fera pas l'objet d'une évaluation). Vous ne pourrez pas consulter ce support pendant la présentation, car cet exposé – et c'est sa spécificité – devra impérativement être réalisé sans notes.

Ce support peut être *a minima* un plan détaillé de votre question. Mais il peut être tout autre chose qu'un plan (un schéma, un graphique, etc.).

Dans ce cas, il sera une pièce clé de votre présentation. Prenez le temps de bien prévoir ce que vous voulez faire et de bien le construire.

→ Préparer le 1er temps : 3. Concevez votre support écrit, p. 121

PREMIER TEMPS : PRÉSENTATION D'UNE QUESTION (5 MINUTES)

> **CE QUE DIT LE PROGRAMME**
> « Le candidat explique pourquoi il a choisi de préparer cette question pendant sa formation, puis il la développe et y répond. Le jury évalue les capacités argumentatives et les qualités oratoires du candidat. »

À l'issue du temps de préparation, c'est le moment d'exposer votre question, debout devant le jury. Vous disposez de 5 minutes.

→ Préparer le 1er temps, p. 83

DEUXIÈME TEMPS : ÉCHANGE AVEC LE JURY (10 MINUTES)

À l'issue de la présentation, le jury vous interroge pendant 10 minutes pour vous amener à développer certains aspects de votre exposé.

→ Préparer le 2e temps : L'échange avec le jury, p. 126

> **CE QUE DIT LE PROGRAMME**
> « [Le jury] peut interroger le candidat sur toute partie du programme du cycle terminal de ses enseignements de spécialité et évaluer ainsi la solidité des connaissances et les capacités argumentatives du candidat. »

Ainsi, cette étape peut également donner lieu à un contrôle de vos connaissances en lien avec la question, ou sur le programme de spécialité de Première et de Terminale.

Pour cette partie, vous pouvez choisir de rester debout ou de vous asseoir.

TROISIÈME TEMPS : ÉCHANGE SUR VOTRE PROJET D'ORIENTATION (5 MINUTES)

CE QUE DIT LE PROGRAMME

« Le candidat explique en quoi la question traitée éclaire son projet de poursuite d'études, voire son projet professionnel. Il expose les différentes étapes de la maturation de son projet (rencontres, engagements, stages, mobilité internationale, intérêt pour les enseignements communs, choix de ses spécialités, etc.) et la manière dont il souhaite le mener après le baccalauréat. »

Ce dernier temps est donc un prolongement de votre question.
Vous devez vous exprimer de manière plus personnelle sur votre projet professionnel et sur le lien entre ce que vous avez étudié au lycée pendant ce cycle terminal et ce que vous visez ensuite.

→ Préparer le 3e temps : Comment mettre en avant vos aspirations personnelles et professionnelles ?, p. 132

Il est bon que vous preniez spontanément la parole et soyez volontaire dans l'échange, mais attention à ne pas couper la parole de vos interlocuteurs et interlocutrices. Vous devez être en position d'écoute active, c'est-à-dire pleinement concentré·e pour pouvoir rebondir sur leurs questions ou leurs réactions.

CE QUE DIT LE PROGRAMME
« Le jury mesure la capacité du candidat à conduire et exprimer une réflexion personnelle témoignant de sa curiosité intellectuelle et de son aptitude à exprimer ses motivations. »

Pour cette partie, vous pouvez choisir de rester debout ou de vous asseoir.

LE JURY

CE QUE DIT LE PROGRAMME
« Le jury est composé de deux professeurs de disciplines différentes, dont l'un représente l'un des deux enseignements de spécialité du candidat et l'autre représente l'autre enseignement de spécialité ou l'un des enseignements communs, ou est professeur·e documentaliste. »

➔ **Remarque :** Ces professeur·es ne seront pas toujours vos professeur·es habituel·les.

LES CRITÈRES DE NOTATION

Le jour de l'examen, le jury attend de vous que vous puissiez :

PREMIER TEMPS	Montrer votre capacité à argumenter	→ Préparer le 1er temps : 1. Faites des recherches pour votre oral, p. 83 → Préparer le 1er temps : 2. Construisez et écrivez votre discours, p. 101
	Démontrer vos qualités oratoires	→ Entraînez-vous à l'oral, p. 146
	Montrer que vous savez conduire et exprimer une réflexion personnelle qui témoigne d'une curiosité intellectuelle	→ Faites le point, p. 34 → Choisissez bien votre question, p. 62 → Préparer le 1er temps : 1. Faites des recherches pour votre oral, p. 83 → Préparer le 1er temps : 2. Construisez et écrivez votre discours, p. 101
	Exprimer vos motivations	→ Faites le point, p. 34 → Choisissez bien votre question, p. 62 → Préparer le 1er temps : 2. Construisez et écrivez votre discours, p. 101

DEUXIÈME TEMPS	Montrer votre capacité à argumenter	→ Préparer le 1er temps : 1. Faites des recherches pour votre oral, p. 83 → Préparer le 2e temps : L'échange avec le jury, p. 126
	Démontrer vos qualités oratoires	→ Entraînez-vous à l'oral, p. 146
	Montrer la solidité de vos connaissances	→ Choisissez bien votre question, p. 62 → Préparer le 1er temps : 1. Faites des recherches pour votre oral, p. 83 → Préparer le 2e temps : L'échange avec le jury, p. 126
TROISIÈME TEMPS	Montrer votre capacité à argumenter	→ Préparer le 2e temps : L'échange avec le jury, p. 126
	Démontrer vos qualités oratoires	→ Entraînez-vous à l'oral, p. 146
	Montrer que vous savez conduire et exprimer une réflexion personnelle qui témoigne d'une curiosité intellectuelle	→ Faites le point, p. 34 → Choisissez bien votre question, p. 62 → Préparer le 3e temps : Comment mettre en avant vos aspirations personnelles et professionnelles ?, p. 132
	Exprimer vos motivations	→ Faites le point, p. 34 → Préparer le 1er temps : 1. Faites des recherches pour votre oral, p. 83 → Préparer le 1er temps : 2. Construisez et écrivez votre discours, p. 101 → Préparer le 3e temps : Comment mettre en avant vos aspirations personnelles et professionnelles ?, p. 132

➔ Pour le détail des compétences évaluées par le jury :

MINI-LIENS minilienrobert.com/1GT1

PARTIE

II

GRAND ORAL,
À NOUS DEUX !

*

Bonne nouvelle ! Vous êtes libre dans le choix et la formulation des deux questions que vous allez présenter le jour du Grand Oral. Pas de listes prédéfinies, c'est vous qui décidez. La seule contrainte ? Rester dans les thèmes de vos programmes de spécialités de Première et de Terminale, que vous pouvez croiser si vous le souhaitez. Ce qui vous permet de choisir dans un vaste panel de questions, tout en vous assurant l'accompagnement de vos professeur·es de spécialités. Ils et elles vous aideront à les formuler et valideront vos questions.

Cette possibilité de choix est une vraie chance. Vous avez la possibilité de pouvoir présenter VOS questions, celle qui ont émergé à partir de vos observations, vos réflexions, vos goûts.

Ce Grand Oral vous permet de développer votre curiosité. On attend de vous, le jour de l'épreuve, que votre exposé soit fluide et riche certes, mais qu'il reflète aussi un enthousiasme, celui que vous avez éprouvé au fil de vos recherches et qui nourrira la discussion avec le jury. Certain·es d'entre vous sont peut-être dubitatifs à la lecture du terme *enthousiasme*, qu'ils et elles ne relient peut-être pas à la préparation d'un examen. Mais si vous considérez ce Grand Oral comme un espace inédit pour parler de vous, partager votre point de vue, apporter votre réflexion, et aussi évoquer vos rêves pour l'avenir, alors, ce terme prend tout son sens.

En effet, votre présentation doit vous permettre de faire le lien, lors du troisième temps de l'épreuve, avec vos aspirations personnelles et professionnelles. Voyez donc les contraintes de ce Grand Oral comme une rampe de lancement sécurisante. Pouvoir prendre la parole pour défendre une question que l'on a choisie, que l'on a travaillée, puis pouvoir parler de ce qu'on aime et de ce qu'on aimerait faire, c'est assez rare dans un examen, non ? Profitez-en.

Utilisez cette préparation au Grand Oral comme une occasion de faire le point sur vos goûts, vos intérêts, vos qualités, vos aptitudes. Cela vous permettra de bien choisir vos questions, et vous donnera l'occasion de vous livrer à une introspection : qu'est-ce qui vous motive dans la vie – scolaire et extrascolaire – et pourquoi ? Vous ne préparerez pas alors une simple épreuve mais vous serez probablement davantage acteur ou actrice de votre vie. En étant plus conscient·e de ce que vous avez envie de porter à l'oral, vous découvrirez peut-être, ou confirmerez ce qui vous fait vibrer. Chercher, trouver et verbaliser ses projets devant d'autres individus leur donne une réalité insoupçonnée. Dire, c'est la première marche. Le projet n'est plus une simple idée au sein de votre esprit, il prend forme.

➔ **Ainsi, vous ne travaillerez pas seulement pour réussir votre Grand Oral au terme de votre année scolaire, vous serez mieux armé·e pour toutes celles qui suivront.**

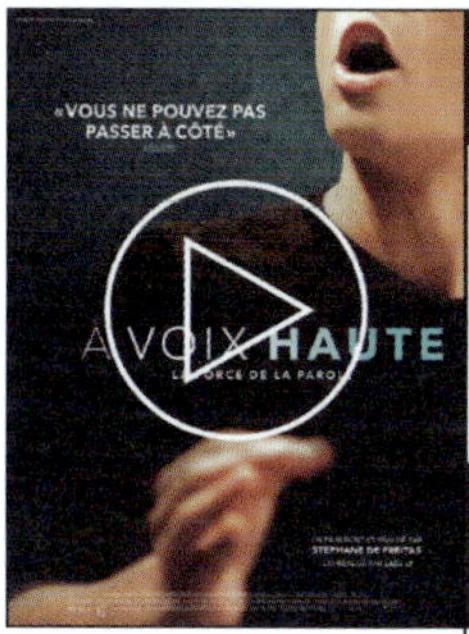

Écrire ou parler ? 00:00:04 à 00:01:08

Johann : « C'est bien d'écrire, mais parler c'est mieux. Quand tu parles, que les gens t'écoutent et te regardent, tu as l'impression que tu peux tout faire, que tu peux conquérir le monde. »

Leïla et son rapport à la prise de parole en public 00:12:50

Leïla explique qu'elle a eu beaucoup de mal à prendre la parole en public mais qu'elle s'est rendu compte que c'était nécessaire pour partager ses idées : « La parole, il ne faut pas l'attendre, il faut l'arracher. »

UN TRAVAIL PAS À PAS

Dans ce livre, vous trouverez de nombreux outils (étapes, tableaux, conseils, exercices) qui sont à répartir tout au long de l'année. Ainsi travaillés progressivement, ils ne représenteront pas une charge de travail trop importante et insurmontable et vous permettront d'aller au Grand Oral en confiance. Les renvois vers d'autres sections du livre sont indiqués en **bleu**, ceux vers les ressources numériques sont en **violet**.

QUAND TRAVAILLER LE GRAND ORAL ?

Les questions que vous allez présenter au Grand Oral se préparent sur l'année.
Toutefois, il est possible, compte tenu des calendriers serrés de l'année de Terminale, et selon l'organisation propre à votre établissement, que vous ne puissiez le préparer en classe qu'après les épreuves écrites du printemps.

➔ **Cela ne veut pas dire que vous ne devez pas de votre côté y réfléchir et accumuler de la documentation avant cette période. Ce livre est là pour vous accompagner et vous permettre de mettre à profit les différents moments de l'année : seul·e, avec vos camarades, votre famille ou en classe.**

La répartition du travail (écrit / oral) en classe a ses avantages car elle vous permettra de travailler à fond le Grand Oral avec vos professeur·es une fois les écrits passés, et d'être fin prêts pour le jour J.

LE FILM

Le documentaire *À voix haute*, vous est offert avec ce livre. Profitez-en pour suivre les progrès des étudiant·es qui participent au concours Eloquentia.
Au fil de la lecture, vous serez parfois renvoyé·e vers des scènes du film, qui illustrent les étapes de la préparation d'une prestation orale. Il vous suffit de vous rendre au minutage indiqué pour visionner ces extraits.
Pour avoir accès au film → Procédure sur l'intérieur de la couverture

DES EXEMPLES PAR SPÉCIALITÉ

Au fil du texte, vous trouverez de nombreux exemples appuyés sur différentes spécialités. Pour avoir des informations spécifiques à vos spécialités → Des exemples par spécialité, p. 192

LE KIT DE SURVIE

À la fin de l'ouvrage, vous trouverez un Kit de survie qui rassemble différents outils essentiels pour la réussite de votre oral ; des renvois sont faits tout au long du texte pour vous accompagner dans l'utilisation de ces outils. → Kit de survie, p. 268

LES RESSOURCES NUMÉRIQUES

Sur le site grand-oral.lerobert.com, vous aurez accès à de nombreuses ressources numériques qui viennent en compléments des outils du Kit de survie. Vous trouverez aussi des ressources propres aux différentes spécialités. Pour avoir accès à ces ressources : → Utilisez les adresses indiquées sur les miniliens
Vous trouverez le sommaire de ces ressources numériques → p. 284

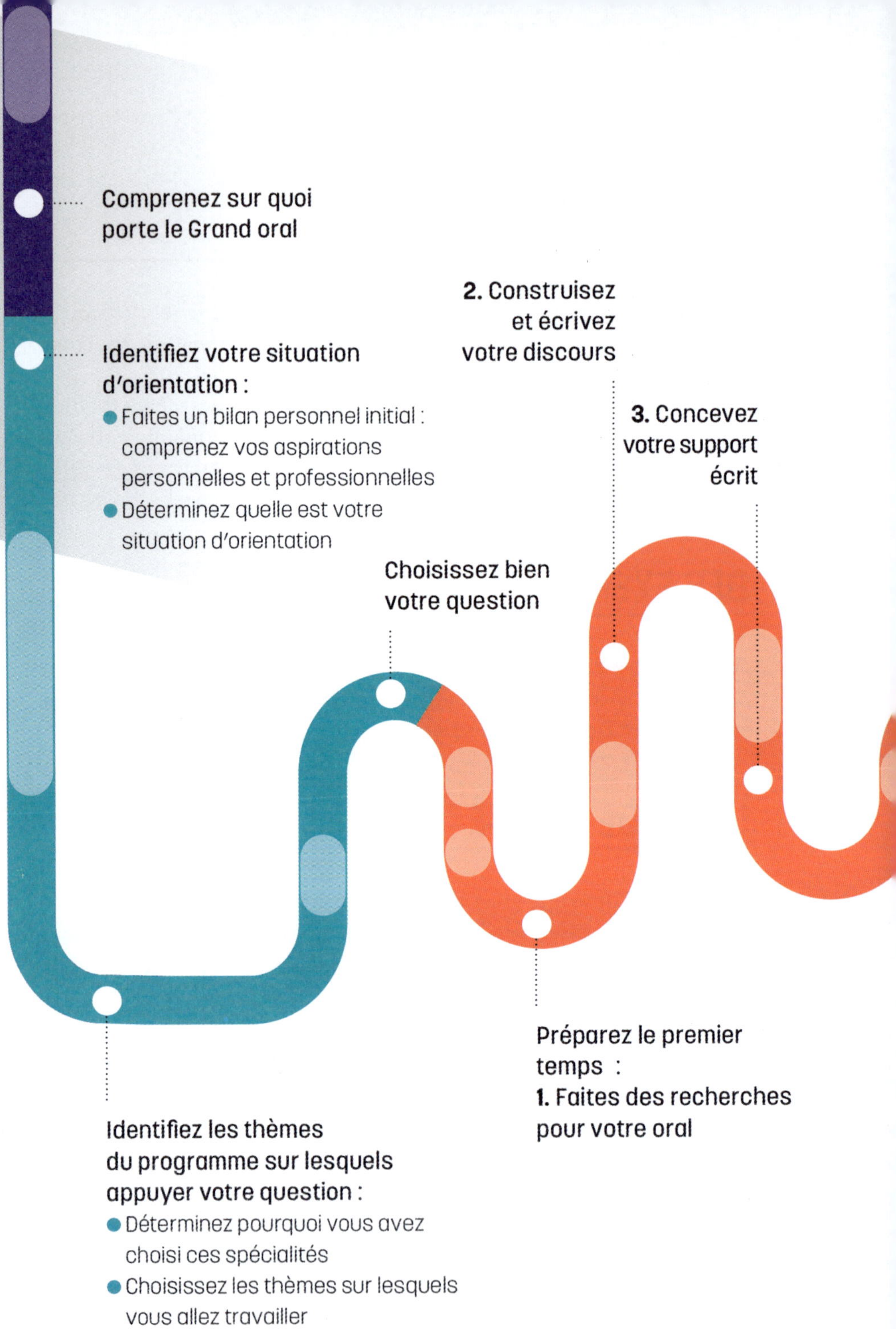
Comprenez sur quoi porte le Grand oral
Identifiez votre situation d'orientation :
Faites un bilan personnel initial : comprenez vos aspirations personnelles et professionnelles
Déterminez quelle est votre situation d'orientation
Identifiez les thèmes du programme sur lesquels appuyer votre question :
Déterminez pourquoi vous avez choisi ces spécialités
Choisissez les thèmes sur lesquels vous allez travailler
Choisissez bien votre question
Préparez le premier temps :
1. Faites des recherches pour votre oral
2. Construisez et écrivez votre discours
3. Concevez votre support écrit

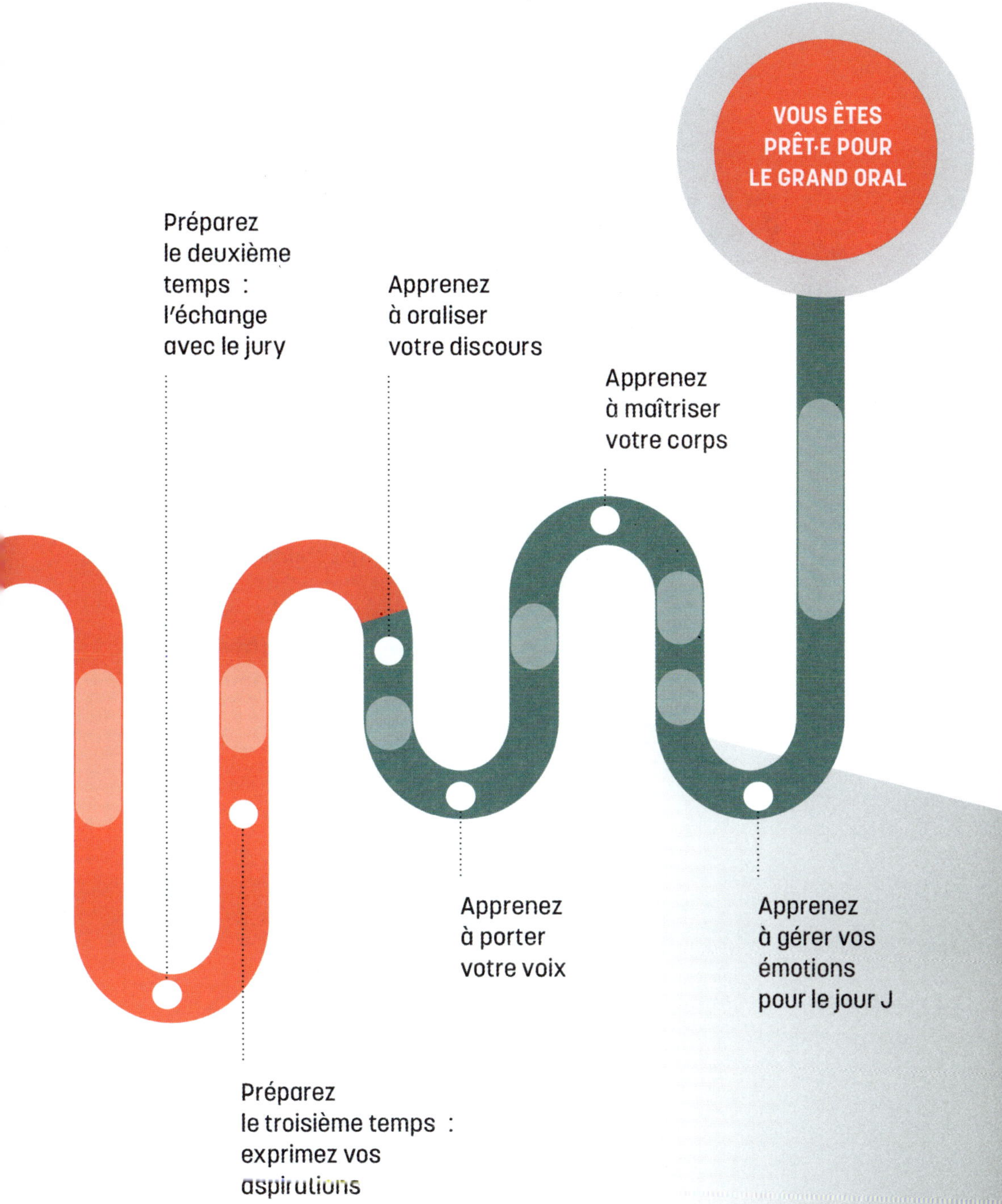
Préparez le deuxième temps : l'échange avec le jury
Préparez le troisième temps : exprimez vos aspirations
Apprenez à oraliser votre discours
Apprenez à porter votre voix
Apprenez à maîtriser votre corps
Apprenez à gérer vos émotions pour le jour J
VOUS ÊTES PRÊT·E POUR LE GRAND ORAL

ÉTAPE 1
FAITES LE POINT

Pour choisir vos deux questions, il va falloir vous livrer à un exercice d'introspection.

Cet exercice comporte deux parcours qui vont chacun vous permettre de faire le point sur les éléments au cœur de vos questions : votre projet d'orientation et vos spécialités.

Il faut suivre les deux parcours l'un après l'autre. Ils se compléteront et se rejoindront à la fin dans une fiche de synthèse.

PREMIER PARCOURS

Identifiez votre situation d'orientation

Ce parcours va vous entraîner à toujours pousser votre réflexion et vous proposer un entonnoir qui part de votre aspiration personnelle pour déboucher, naturellement vous le verrez, sur des pistes pour votre aspiration professionnelle, que vous affinerez progressivement.

1. FAITES UN BILAN PERSONNEL INITIAL : COMPRENEZ VOS ASPIRATIONS PERSONNELLES ET PROFESSIONNELLES

Avant d'aller plus loin, il est temps de faire un bilan personnel. Ce bilan va vous permettre de mettre des mots sur vos aspirations. Il est disponible au format imprimable en ligne.

MINI-LIENS minilienrobert.com/1GT2

Bilan personnel initial : **aspirations, poursuite d'études, projet professionnel**	
Vos idées en vrac (ne pas avoir peur de penser en grand) quand vous pensez à votre orientation	C'est une phase essentielle. Laissez-vous du temps, notez les idées qui vous viennent spontanément au fur et à mesure. Surtout, ne vous censurez pas.
Vos atouts « Je suis bon·ne / fort·e en… » (Séparez compétences scolaires et *soft skills*)	Vos atouts : quels sont vos points forts, les outils sur lesquels vous pouvez vous appuyer pour réussir ? Pour remplir cette case, rendez-vous sur l'application FOLIOS de l'Onisep. Vous pouvez alors renseigner les onglets « Mes Atouts » et « Mes langues » (si vous avez choisi un enseignement de spécialité en lien avec ces disciplines). MINI-LIENS minilienrobert.com/1GT3 Il est temps également de lire attentivement vos bulletins scolaires : Où avez-vous les meilleurs résultats ? Que disent de vous vos enseignants dans les commentaires ? Regroupez-vous à plusieurs pour faire l'exercice « La présentation du super-héros » → La présentation du super-héros, p. 270
Vos *soft skills* ou « savoir-être »	Rassurez-vous, vous en avez. Les savoir-être, que l'on appelle également compétences transversales, compétences psycho-sociales ou *soft skills* représentent les compétences que l'on utilise dans la vie quotidienne (capacité à s'organiser, à communiquer, etc.). Pour vous aider à définir vos *soft skills*, vous en trouverez la liste à la fin du livre. → Comment identifier vos *soft skills* ?, p. 272 Il en existe d'autres. N'hésitez pas à faire à plusieurs l'exercice « *Soft skills* » pour vous approprier et compléter cette première liste.

Vos intérêts	Il existe plusieurs tests d'intérêts pour vous aider à vous déterminer : – Vous pouvez aller sur le site de l'ONISEP et chercher le quiz « Quels métiers pour moi ? ». – Le site oriane.info vous propose le test « Quels métiers s'offrent à vous ? ». Vous pouvez ensuite compiler ces résultats dans votre profil FOLIOS (Onglet « Mes intérêts ») . L'exercice « Comprendre les environnements qui vous correspondent » vous permettra de tester ces résultats en groupe. → Comprendre les environnements qui vous correspondent, p. 275
Vos motivations	Avoir un poste à responsabilités, gagner beaucoup d'argent, créer de nouvelles choses, être utile aux autres, exercer un travail qui fait sens... il y a autant de motivations qu'il y a de personnes. Elles ne sont ni bonnes ni mauvaises mais les définir vous aidera à construire votre parcours.
Vos engagements : « Je me lève pour..., je me bats contre... »	S'engager, ce n'est pas forcément être le héros ou l'héroïne d'une action médiatique. Votre engagement peut être une activité discrète et quotidienne, au sein du lycée ou en dehors, une action envers l'autre. Vous pouvez retrouver en ligne le rapport du CNESO « Engagements citoyens des lycéens » qui peut vous donner des idées. Aussi, une liste est donnée à titre d'exemple à la fin du livre. → Comment identifier vos engagements, p. 278 L'exercice « Moi, Président·e » vous permettra d'inscrire vos engagements dans des actions concrètes. → Moi, Président·e, p. 279 L'exercice « Les causes » vous permettra de vous entraîner à discourir sur des sujets qui vous tiennent à cœur. → Les causes, p. 280

Inventer le monde de demain	Le numérique transforme les métiers existants et en crée de nouveaux. Beaucoup de métiers d'aujourd'hui n'existeront plus dans dix ans. Il faut donc bien se connaître pour pouvoir évoluer avec eux. En explorant les portraits proposés sur le site https://futureofwork.oecd.org/fr/portraits, retenez trois idées que vous partagez sur l'avenir du travail ou donnez votre propre avis sur l'avenir du travail. Quel est votre plus grand espoir ?
En conclusion… « Il était une fois moi » (texte à rédiger, photomontage…)	Synthétisez tous vos résultats sous la forme d'un texte, d'un dessin, d'une carte mentale, d'un photomontage, etc. C'est le moment de vous mettre en scène !

2. DÉTERMINEZ QUELLE EST VOTRE SITUATION D'ORIENTATION

EXEMPLE DE SITUATION 1

Manon veut devenir **assistante de service social**. — idée de métier

Elle a toujours aimé **rencontrer des gens** et prendre le temps de discuter avec eux. Elle s'intéresse à leur vie, leurs problèmes et elle aime bien apporter des solutions. **Elle a besoin de faire un métier qui est utile aux autres.** Pour l'instant, elle est animatrice dans un centre aéré pendant les vacances. Elle a pu suivre une assistante de service social pendant son stage de Troisième, ce qui lui a fait découvrir et choisir ce métier. — intérêt ; motivation

Il demande **des qualités humaines et de l'empathie**, il correspond donc à ses intérêts et ses *soft skills*. — *soft skills*

Elle a de **bons résultats en français et en langues**, et elle a bien aimé les cours de SES en Seconde, où elle avait de bons résultats. Elle a choisi en Première les enseignements de spécialité Humanités, littérature et philosophie, Sciences économiques et sociales et Langues, littératures et culture étrangères. Elle conserve HLP et SES en Terminale, mais s'est promis de partir encadrer des colonies de vacances à l'étranger cet été. — compétences

Elle n'a pas pris d'option, car **elle est bénévole dans une association et veut se garder du temps pour cette activité**. — engagement

En s'informant sur le contenu des études qu'elle veut suivre, elle s'aperçoit que ses choix de spécialités montrent un intérêt pour des matières qu'elle retrouvera dans sa formation, **puisqu'il lui est conseillé de montrer un intérêt pour les questions sociales et une ouverture au monde**. — attendus

Plusieurs parcours sont possibles pour obtenir un Diplôme d'état d'assistant·e de service social (DEASS). Manon choisit de **candidater dans un Institut régional du travail social** après le bac plutôt que de passer par un DUT Carrières sociales ou une licence en sociologie. Elle pourra plus rapidement effectuer des stages ciblés et avoir des cours avec des professionnels : elle a besoin de concret, et cela la motivera pour réussir son examen. — parcours

EXEMPLE DE SITUATION 2

Simon s'intéresse **aux questions écologiques.** idée de secteur professionnel
Il écoute souvent l'émission scientifique *La Terre au carré* (ex. *La Tête au carré*). Éco-délégué dans son établissement, il **participe au projet Développement Durable** qui vise à limiter la consommation d'énergie dans les gestes quotidiens. Bien que ce ne soit pas toujours simple, il aime **organiser des débats pour tenter de convaincre les autres lycéen·nes d'adopter un comportement éthique et responsable dans leur consommation.**
Soucieux du bien-être collectif, il a participé cette année à **la marche mondiale pour le climat** où il a rencontré d'autres jeunes, engagé·es comme lui. Cette expérience a été décisive. Dans sa vie d'adulte, il aimerait **pouvoir contribuer à la protection de la planète à travers le monde**.
Dans ses cours de Première d'enseignement de spécialité SVT, il a particulièrement apprécié la thématique « Enjeux contemporains de la planète » et fera porter une de ses deux questions sur ce thème. **Ses résultats scolaires sont plutôt bons dans la plupart des matières.** Il a choisi en autres enseignements de spécialité Histoire-Géographie, Géopolitique et Sciences politiques (HGGSP) et Numérique et sciences informatiques (NSI). En Première, il conserve SVT et HGGSP pour répondre à **son besoin de comprendre le monde contemporain et se concentrer sur ce qui le passionne**.
Il a entamé des recherches de métiers en lien avec l'environnement. De nombreuses possibilités s'offrent à lui : il pourrait s'engager vers **des études longues pour devenir ingénieur en énergies renouvelables ou préparer un BTS Traitement de l'eau ou encore se lancer dans le secteur de l'écotourisme**. Il prend rendez-vous avec la psy-EN de son établissement qui conforte son choix pour ce domaine d'avenir. Pourtant, il n'arrive pas encore à se déterminer.
Il souhaiterait prendre le temps de réfléchir à la construction de son projet. Au cours de ses échanges, il découvre la possibilité de **faire une année de service civique dans une association** qui s'occupe de la protection de l'environnement. Cela lui donnerait un an pour mûrir son projet et choisir sa formation.

idée de secteur professionnel
intérêt
engagement
compétence
soft skills
engagement
motivation
compétences
motivation
parcours
parcours

EXEMPLE DE SITUATION 3

Jessica **ne sait pas vers quel métier ou secteur professionnel se diriger**. — pas de projet défini

Elle aime dessiner, et surtout se retrouver avec ses amis. — intérêts
Elle regarde souvent des séries et des films en VO, ce qui lui a fait aimer l'anglais qui est devenu sa matière préférée et **dans laquelle elle a beaucoup progressé**. — compétence

Ses résultats sont moyens dans les autres matières. — compétences
Elle **aimerait voyager pour découvrir d'autres cultures**. — motivation
Elle a fait du baby-sitting pendant toute l'année, mais cette expérience ne l'a pas emballée. Elle sait au moins qu'**elle ne travaillera pas avec des enfants** ! — motivation
Par contre, elle a mis sur pied un anniversaire surprise pour les 18 ans de sa meilleure amie qui a été un grand succès. Tout le monde en parle encore. Elle s'est découvert des **capacités d'organisation et d'animation**, elle qui se pensait très timide. — *soft skills*

Elle a choisi en enseignement de spécialité en Première Langues, littératures et culture étrangère en Anglais, *of course!* Elle aurait aimé prendre Arts, mais son lycée ne le proposait pas. Elle a donc choisi Humanités, Littérature et Philosophie et Sciences économiques et sociales, plutôt pour être avec ses amies et rester dans son lycée qui n'est pas loin de chez elle. Elle ne continuera pas cet enseignement en Terminale. Ses choix correspondent à ses goûts et à ses intérêts.

Ne sachant pas encore très bien ce qu'elle veut faire, **elle pense intégrer une licence de Langues étrangères appliquées en anglais (LEA anglais)** avec pour projet de partir un semestre à l'étranger pendant sa deuxième année de licence. — parcours
En parallèle, elle souhaite **prendre des cours le soir dans une école d'arts plastiques**, au moins pour le plaisir. — intérêt

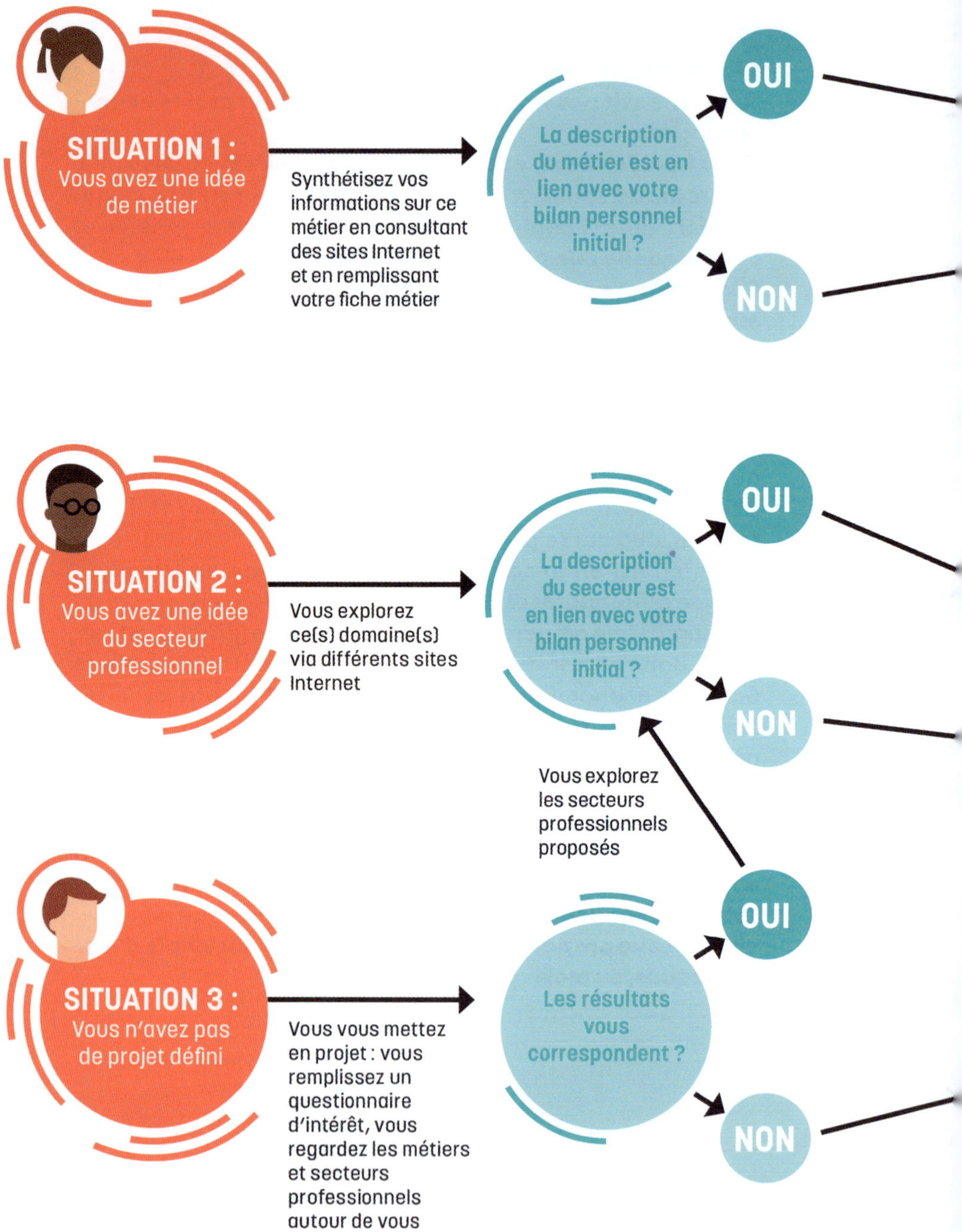
SITUATION 1 :
Vous avez une idée de métier
Synthétisez vos informations sur ce métier en consultant des sites Internet et en remplissant votre fiche métier
La description du métier est en lien avec votre bilan personnel initial ?
OUI
NON
SITUATION 2 :
Vous avez une idée du secteur professionnel
Vous explorez ce(s) domaine(s) via différents sites Internet
La description du secteur est en lien avec votre bilan personnel initial ?
OUI
NON
Vous explorez les secteurs professionnels proposés
SITUATION 3 :
Vous n'avez pas de projet défini
Vous vous mettez en projet : vous remplissez un questionnaire d'intérêt, vous regardez les métiers et secteurs professionnels autour de vous
Les résultats vous correspondent ?
OUI
NON

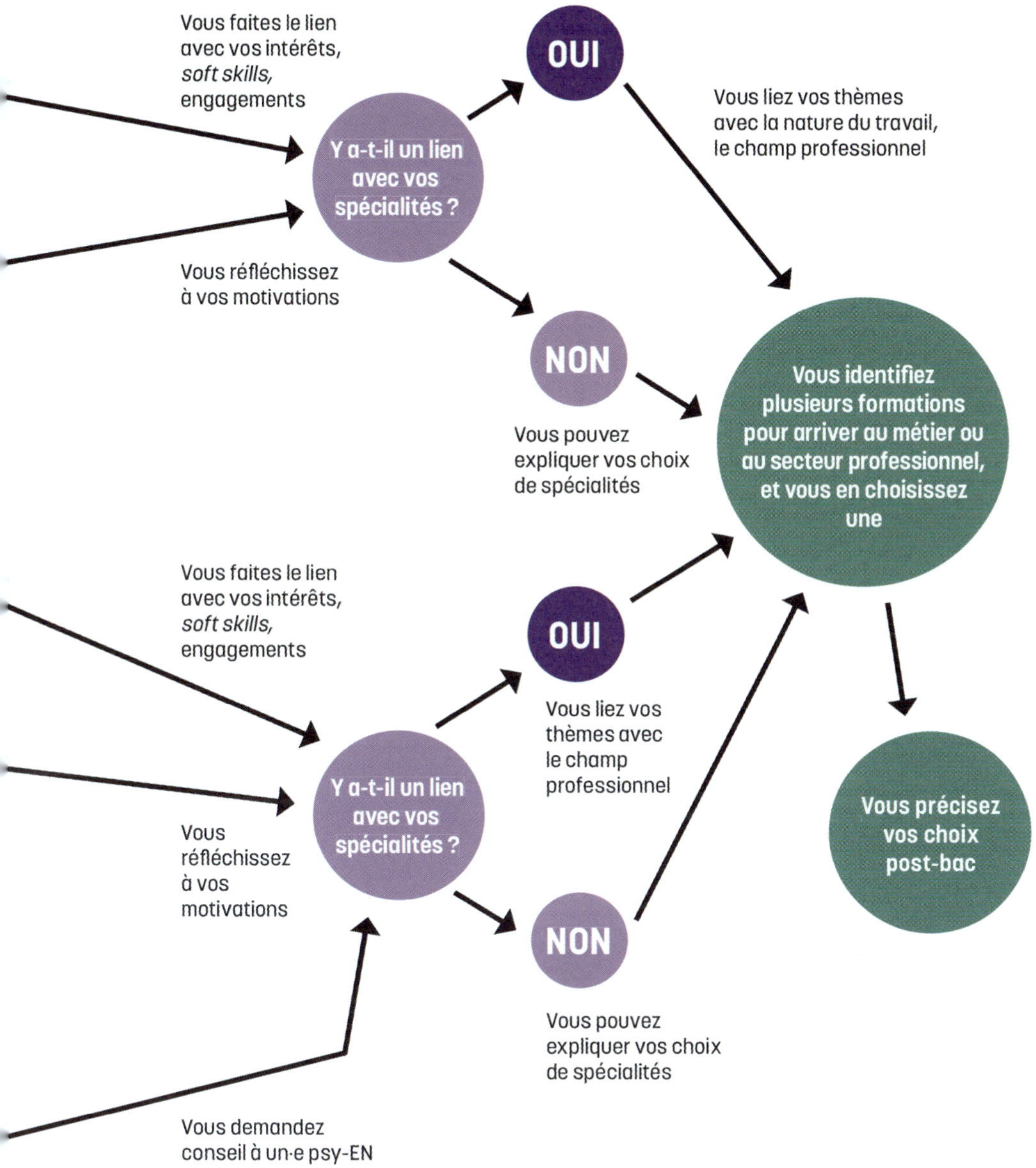
Vous faites le lien avec vos intérêts, *soft skills*, engagements
Y a-t-il un lien avec vos spécialités ?
Vous réfléchissez à vos motivations
OUI
Vous liez vos thèmes avec la nature du travail, le champ professionnel
NON
Vous pouvez expliquer vos choix de spécialités
Vous identifiez plusieurs formations pour arriver au métier ou au secteur professionnel, et vous en choisissez une
Vous faites le lien avec vos intérêts, *soft skills*, engagements
OUI
Vous liez vos thèmes avec le champ professionnel
Y a-t-il un lien avec vos spécialités ?
Vous réfléchissez à vos motivations
NON
Vous pouvez expliquer vos choix de spécialités
Vous demandez conseil à un·e psy-EN
Vous précisez vos choix post-bac

En fonction de votre situation, lancez-vous dans le pas à pas correspondant :
- **Situation 1 : vous avez une idée de métier.** → p. 44
- **Situation 2 : vous avez une idée du secteur professionnel.** → p. 46
- **Situation 3 : vous n'avez pas de projet défini.** → p. 48

Vous êtes dans la première situation

ÉTAPE 1 • SYNTHÉTISEZ VOS INFORMATIONS SUR CE MÉTIER

→ Comment faire une fiche métier / secteur professionnel ?, p. 281

ÉTAPE 2 • FAITES LE LIEN AVEC VOTRE BILAN PERSONNEL

- Pour faire le point, aidez-vous du tableau suivant :

Vous et votre métier / secteur professionnel		
	Vous	Fiche de description du métier ou du secteur professionnel
Intérêts		
Engagements		
Compétences scolaires		
Soft skills		
Motivations		

MINI-LIENS minilienrobert.com/1GT6

- La description de ce métier est-elle en lien avec votre bilan personnel ?

- NON ? Réfléchissez à vos motivations et passez à l'étape suivante.
- OUI ? Passez à l'étape suivante.

ÉTAPE 3 • IDENTIFIEZ LES LIENS ENTRE LE MÉTIER QUI VOUS INTÉRESSE ET LES PROGRAMMES

- Parvenez-vous à identifier les liens (nature du travail, champ professionnel, etc.) entre le métier qui vous intéresse et les spécialités ?

- NON ? Essayez d'expliquer vos choix de spécialités et vos idées d'orientation. Reportez-vous aux programmes des spécialités, cela pourra vous aider.

→ Ressources numériques de vos spécialités. Voir l'adresse p. 284

- OUI ? Listez-les et passez à l'étape suivante.

ÉTAPE 4 • DÉFINISSEZ UN PARCOURS D'ACCÈS (ÉTUDES) À CE MÉTIER

- Trouvez plusieurs formations pour arriver au métier qui vous intéresse et choisissez-en une.

ÉTAPE 5 • PRÉCISEZ VOS CHOIX POST-BAC

- Essayez de vous projeter : qu'attend-on de vous dans vos futures études ? Faites le lien entre vos compétences et les compétences attendues.
- Pour faire le point, aidez-vous du tableau suivant :

Vous et vos études	
Sélectionnez les attendus post-bac	Ceux qui correspondent à vos compétences et ceux qu'il vous reste à travailler
Pour connaître les attendus post-bac d'une formation, il suffit de consulter les fiches formations du site Parcoursup ou de celui de l'ONISEP.	

MINI-LIENS minilienrobert.com/1GT7

Tout au long de cette réflexion sur votre situation, remplissez la fiche synthèse.

→ Fiche de synthèse des deux parcours, p. 59

Vous êtes dans la deuxième situation

ÉTAPE 1 • EXPLOREZ CE(S) SECTEUR(S) PROFESSIONNEL(S) *VIA* DIFFÉRENTS SITES INTERNET

→ Comment faire une fiche métier / secteur professionnel ?, p. 281

ÉTAPE 2 • FAITES LE LIEN AVEC VOTRE BILAN PERSONNEL

• Pour faire le point, aidez-vous du tableau suivant :

Vous et votre métier/ secteur professionnel		
	Vous	Fiche de description du métier ou du secteur professionnel
Intérêts		
Engagements		
Compétences scolaires		
Soft skills		
Motivations		

MINI-LIENS minilienrobert.com/1GT6

• La description de ce secteur professionnel est-elle en lien avec votre bilan personnel ?

- NON ? Réfléchissez à vos motivations et passez à l'étape suivante.
- OUI ? Passez à l'étape suivante.

ÉTAPE 3 • IDENTIFIEZ LES LIENS ENTRE LES SECTEURS PROFESSIONNELS QUI VOUS INTÉRESSENT ET LES PROGRAMMES

• Parvenez-vous à identifier les liens entre les secteurs professionnels qui vous intéressent et les spécialités ?
- NON ? Essayez d'expliquer vos choix de spécialités et vos idées d'orientation. Reportez-vous aux programmes des spécialités, cela pourra vous aider.
→ Ressources numériques de vos spécialités. Voir l'adresse p. 284
- OUI ? Listez-les et passez à l'étape suivante.

ÉTAPE 4 • DÉFINISSEZ UN PARCOURS D'ACCÈS (ÉTUDES) À CE SECTEUR

• Trouvez plusieurs formations pour arriver au secteur qui vous intéresse et choisissez-en une.

ÉTAPE 5 • PRÉCISEZ VOS CHOIX POST-BAC

• Essayez de vous projeter : qu'attend-on de vous dans vos futures études ? Faites le lien entre vos compétences et les compétences attendues.
• Pour faire le point, aidez-vous du tableau suivant :

Vous et vos études	
Sélectionnez les attendus post-bac	Ceux qui correspondent à vos compétences et ceux qu'il vous reste à travailler
Pour connaître les attendus post-bac d'une formation, il suffit de consulter les fiches formations du site Parcoursup ou de celui de l'ONISEP.	

MINI-LIENS minilienrobert.com/1GT7

Tout au long de cette réflexion sur votre situation, remplissez la fiche synthèse.
→ Fiche de synthèse des deux parcours, p. 59

Vous êtes dans la troisième situation

ÉTAPE 1 • IDENTIFIEZ VOS INTÉRÊTS

- Remplissez un questionnaire d'intérêt (vous en trouverez plusieurs sur Internet, sur le site de l'Onisep par exemple).
- Mettez les résultats en lien avec vos spécialités.

Vous correspondent-ils ?

- NON ? Consultez un·e psy-EN.
- OUI ? Complétez les parties de votre bilan personnel qui auraient pu rester vierges. Faites la liste du / des secteur(s) professionnel(s) ou métier(s) proposé(s) puis passez à l'étape suivante.

ÉTAPE 2 • EXPLOREZ LE(S) SECTEUR(S) PROFESSIONNEL(S) PROPOSÉ(S) *VIA* DIFFÉRENTS SITES INTERNET

→ Comment faire une fiche métier / secteur professionnel ?, p. 281

ÉTAPE 3 • FAITES LE LIEN AVEC VOTRE BILAN PERSONNEL

- Pour faire le point, aidez-vous du tableau suivant :

Vous et votre métier / secteur professionnel		
	Vous	Fiche de description du métier ou du secteur professionnel
Intérêts		
Engagements		
Compétences scolaires		
Soft skills		
Motivations		

MINI-LIENS minilienrobert.com/1GT6

• La description de ce métier est-elle en lien avec votre bilan personnel ?
- NON ? Réfléchissez à vos motivations et passez à l'étape suivante.
- OUI ? Passez à l'étape suivante.

ÉTAPE 4 • IDENTIFIEZ LES LIENS ENTRE LES SECTEURS PROFESSIONNELS QUI VOUS INTÉRESSENT ET LES PROGRAMMES

• Parvenez-vous à identifier les liens entre les secteurs professionnels qui vous intéressent et les spécialités ?
- NON ? Essayez d'expliquer vos choix de spécialités et vos idées d'orientation. Reportez-vous aux programmes des spécialités, cela pourra vous aider.
→ Ressources numériques de vos spécialités. Voir l'adresse p. 284
- OUI ? Listez-les et passez à l'étape suivante.

ÉTAPE 5 • DÉFINISSEZ UN PARCOURS D'ACCÈS (ÉTUDES) À CE MÉTIER

• Trouvez plusieurs formations pour arriver au métier qui vous intéresse et choisissez-en une.

ÉTAPE 6 • PRÉCISEZ VOS CHOIX POST-BAC

• Essayez de vous projeter : qu'attend-on de vous dans vos futures études ? Faites le lien entre vos compétences et les compétences attendues.
• Pour faire le point, aidez-vous du tableau suivant :

Vous et vos études	
Sélectionnez les attendus post-bac	Ceux qui correspondent à vos compétences et ceux qu'il vous reste à travailler
Pour connaître les attendus post-bac d'une formation, il suffit de consulter les fiches formations du site Parcoursup ou de celui de l'ONISEP.	

MINI-LIENS minilienrobert.com/1GT7

Tout au long de cette réflexion sur votre situation, remplissez la fiche synthèse.
→ Fiche de synthèse des deux parcours, p. 59

SECOND PARCOURS

Identifiez les thèmes du programme sur lesquels appuyer votre question

CE QUE DIT LE PROGRAMME

« Les questions choisies par l'élève doivent porter sur les deux enseignements de spécialité soit pris isolément, soit abordés de manière transversale. Elles mettent en lumière un des grands enjeux du ou des programmes de ces enseignements. »

1. POURQUOI AVEZ-VOUS CHOISI CES SPÉCIALITÉS ?

Pour continuer votre exercice d'introspection, vous devez aussi vous poser une question, dont la réponse peut vous sembler évidente, mais qui va vous permettre de réfléchir plus profondément aux questions que vous souhaitez porter à l'oral : pourquoi avez-vous choisi ce que vous avez choisi, pourquoi avez-vous opté pour ces spécialités ? Vous pouvez vous retrouver dans plusieurs de ces réponses !

Parce que vous les aimez ?

Ces spécialités vous plaisent. Demandez-vous pourquoi.

> **EXEMPLE**
> Qu'est-ce qui vous plaît, par exemple, dans les Mathématiques ? La logique ? La technique de la démonstration ?

Parce que vous y avez de bons résultats ?

On peut avoir des facilités dans une matière sans que celle-ci nous fasse vibrer pour autant. Si c'est votre cas, demandez-vous pourquoi. Quels sont les aspects qui vous intéressent le plus ? Ceux qui vous intéressent le moins ? Faites aussi le point sur les aptitudes que ces spécialités ont pu vous aider à développer.

> **EXEMPLE**
> Quelles aptitudes les Mathématiques et les SVT auraient pu développer chez vous et qui pourraient être utiles dans un cursus d'orientation qui ne soit pas scientifique ?

Vous pouvez demander de l'aide à vos camarades et aux professeur·es pour répondre à ces questions. Demandez-leur comment ils et elles vous voient en classe et faites la même chose pour eux et elles. Ils et elles seront plus objectifs que vous et sauront parfois mieux définir, de l'extérieur, vos points forts et vos points faibles.

Parce qu'elles sont en phase avec votre projet d'orientation ?

Quels sont les liens entre ces spécialités et votre projet d'orientation ?

EXEMPLE

Simon (situation 2) a particulièrement apprécié la thématique « Enjeux contemporains de la planète » dans ses cours de Première d'enseignement de spécialité SVT. Il fera porter une de ses deux questions sur ce thème.

Ses résultats scolaires sont plutôt bons dans la plupart des matières. Il a choisi en autres enseignements de spécialité Histoire-Géographie, Géopolitique et Sciences politiques (HGGSP) et Numérique et sciences informatiques (NSI).

Il conserve SVT et HGGSP pour répondre à son besoin de comprendre le monde contemporain et se concentrer sur ce qui le passionne.

Parce que vous avez choisi par défaut ?

Vous pensez avoir choisi par défaut. Mais vous avez choisi. Demandez-vous ce qui a pu motiver ce choix.

Était-ce un choix par élimination car aucune autre spécialité ne vous attirait ? Parce que celles qui vous plaisaient le plus n'étaient pas disponibles dans votre établissement ? Parce que vous avez suivi les conseils de quelqu'un ? Parce que vous avez suivi vos camarades ? Etc.

EXEMPLE

Vous avez forcément le souvenir d'une leçon de littérature, d'une expérience scientifique ou de l'exposé d'un·e camarade qui vous a plus intéressé que les autres. Pourquoi ? Qu'est-ce que ça a stimulé en vous ? Approfondissez ce point, il peut révéler des trésors insoupçonnés.

Pour vous aider à faire le point, voici quelques questions à vous poser :
- Aimez-vous ces spécialités ? Pourquoi ?
- Quels sont les aspects qui vous intéressent le moins ?
- Quels sont les aspects qui vous intéressent le plus ?
- Avez-vous de bons résultats ?
- Grâce à quelles aptitudes ?
- Quelles aptitudes devez-vous encore travailler ?
- Quelles autres spécialités auraient pu vous plaire ? Pourquoi ?
- Quelles autres spécialités ne vous ont pas plu ? Pourquoi ?

MINI-LIENS minilienrobert.com/1GT8

Sur tous ces points, n'hésitez pas à solliciter vos professeur·es de spécialités : ils et elles vous aideront dans ce travail de réflexion sur vos motivations et vos aptitudes et vous conseilleront au mieux pour votre projet de poursuite d'études.

2. CHOISISSEZ LES THÈMES SUR LESQUELS VOUS ALLEZ TRAVAILLER

Une fois que vous avez fait ce travail d'introspection sur votre choix de spécialités, identifiez les grands thèmes qui composent vos programmes de spécialités. En effet, vous devez inscrire vos questions dans les thèmes abordés en Première et Terminale.

Attention : dans certaines spécialités, les épreuves écrites ne tombent pas sur les mêmes thèmes chaque année. Cela a donc une incidence sur les thèmes à choisir. Les programmes indiquent les thèmes qui seront interrogés à l'écrit. De fait, les autres seront traités plus tardivement dans l'année. → Des exemples par spécialité, p. 192 ; Consultez les cours concernés par votre question, p. 72

EXEMPLE

Les épreuves écrites de la spécialité HGGSP ne portent pas sur l'ensemble des thèmes, mais sur quatre thèmes selon l'organisation suivante : les années paires, l'épreuve portera sur les thèmes 1, 2, 3 et 5 ; les années impaires sur les thèmes 2, 4, 5 et 6. Il est important d'avoir ce calendrier en tête car le thème qui vous intéresse pourrait n'être travaillé en cours qu'après les épreuves écrites. Ainsi, pour une année impaire, les thèmes 1 et 3 du programme de Terminale ne seront généralement pas traités avant le mois de mars.

ÉTAPE 1 • IDENTIFIEZ LES THÈMES DES PROGRAMMES

- Vous pouvez utiliser vos manuels scolaires pour retrouver les grands chapitres et les axes de travail étudiés avec vos professeur·es. Pour vous faire gagner du temps, vous trouverez dans la troisième partie de ce livre une présentation des grands thèmes du programme par spécialité. Vous pouvez aussi les consulter sur le site eduscol.education.fr.

→ Des exemples par spécialité, p. 192

ÉTAPE 2 • SÉLECTIONNEZ TROIS THÈMES PAR SPÉCIALITÉ

- Pour les sélectionner, de nombreux critères sont possibles : ce sont les thèmes qui vous plaisent le plus, vous avez envie de traiter une question d'actualité en lien avec ces thèmes, vous maîtrisez ces notions de cours, ces thèmes vous sont familiers, en lien avec votre projet d'orientation, etc.
- Listez trois thèmes par spécialité, soit six en tout.

EXEMPLE

- **Dans votre spécialité, HGGSP, vous avez particulièrement aimé en classe de Première le thème 5 sur « L'analyse des relations entre les États et les religions », en Terminale, vous êtes intéressé·e par le thème 2 « Faire la guerre, faire la paix : formes de conflits et modes de résolution » et par le thème 3, « Histoire et mémoires ».**

Dans votre autre spécialité, HLP, vous avez aimé le chapitre sur « Les pouvoirs de la parole », étudié en début de classe de Première. En Terminale, vous avez d'ores et déjà repéré ces deux sous-chapitres du thème « Expériences contemporaines » : « Créations, continuité, ruptures » et « L'humain et l'inhumain ».

• En SES, certains questionnements au programme peuvent facilement correspondre à un intérêt, par exemple, pour :
- un secteur d'activité économique ou une entreprise (voir dans le programme les questionnements sur « entreprise », « marché », « commerce international »), par exemple : habillement, sport, art.
- un domaine d'étude : commerce, vente, commerce international (« entreprise », « marché », « commerce international ») ; ressources humaines (« entreprise ») ; relations internationales ; économie internationale (« commerce international », « cadre européen », « environnement ») ; banque, finance (« monnaie », « finance », « crises financières »), etc.
- une valeur, une cause ou une aspiration qui a de l'importance à vos yeux, et qui explique vos projets d'orientation : la justice, la lutte contre les inégalités (« mobilité sociale », « action de l'École », « justice sociale ») ; la mobilité sociale ; un engagement politique (y compris associatif), etc.

• Vous avez été interpellé·e par des résultats surprenants aux élections. Vous vous interrogez sur la manière dont les sondages sont construits et comment déterminer la marge d'erreur. Vous choisissez alors en Mathématiques le thème « Probabilités »

→ Des exemples par spécialité, p. 192

Préférez des thèmes que vous maîtrisez. Le jury étant susceptible de vous poser des questions de cours portant sur les deux années d'enseignement de spécialité ou en lien avec l'actualité, vous serez plus à l'aise pour répondre.

ÉTAPE 3 • FORMULEZ LES LIENS AVEC VOS ASPIRATIONS PROFESSIONNELLES ET PERSONNELLES

• Faites-le pour chaque thème sélectionné.

Pour cela, appuyez-vous sur le tableau « Vous et votre métier / secteur professionnel » en essayant de faire coïncider les thèmes avec les éléments de la colonne « Vous ».

MINI-LIENS minilienrobert.com/1GT6

ÉTAPE 4 • RESTREIGNEZ VOTRE CHOIX

• Effectuez maintenant, par spécialité, une dernière sélection parmi vos trois thèmes.

Afin de bien répondre aux attentes du Grand Oral, il est préférable de choisir pour chacune de vos spécialités, les deux thèmes du programme les plus en lien avec vos centres d'intérêt et votre aspiration professionnelle.

Pour cela :

• Reprenez les éléments du tableau « Vous et votre métier / secteur professionnel ».

• Identifiez les éléments (entre motivations, intérêts, compétences. etc.), qui sont pour vous les plus importants ou représentatifs.

• Choisissez les deux thèmes où vous retrouvez vos éléments les mieux classés.

CE QUE DIT LE PROGRAMME

« [L'épreuve] permet [au candidat] de mettre les savoirs qu'il a acquis, particulièrement dans ses enseignements de spécialité, au service d'une argumentation, et de montrer comment ces savoirs ont nourri son projet de poursuite d'études, voire son projet professionnel. »

• Vous vous retrouvez ainsi avec quatre grands thèmes.

EXEMPLE
Vous êtes intéressé·e par le droit international, le journalisme, la diplomatie, l'enseignement ? En HLP, vous pourriez conserver « Créations, continuité, ruptures » et « L'humain et l'inhumain » et « Faire la guerre, faire la paix : formes de conflits et modes de résolution » ainsi que « Histoire et mémoires » en HGGSP.

À ce moment-là, vous pouvez aussi vérifier si les thèmes peuvent éventuellement être combinés en une question transversale.
→ Le cas des questions transversales, p. 69
Il peut aussi arriver que le thème choisi soit déjà transversal.

EXEMPLE
En HGGSP, le thème « Histoires et mémoires », où les notions de crime contre l'humanité et de génocide sont abordées, peut aussi s'articuler avec « L'humain et l'inhumain » en HLP.
Une question comme « Les causes de la sortie du Royaume-Uni de l'Union Européenne sont-elles surtout économiques ? » utilise :
- en SES, les questionnements de Terminale « Quels sont les fondements du commerce international et de l'internationalisation de la production ? » et « Quelles politiques économiques dans le cadre européen ? »
- en HGGSP, le jalon « L'Union européenne face aux citoyens et aux États : les remises en question depuis 1992 » du thème 1 « Comprendre un régime politique : la démocratie ».

➔ **Remarque : Si vous n'arrivez pas à restreindre votre choix à deux thèmes, ce n'est pas grave. Vous pourrez toujours écarter certains thèmes après avoir effectué vos premières recherches et obtenu une idée de ce que vous pourriez faire pour votre question.**
Vous pouvez retenir comme critères primordiaux : votre intérêt (est-ce que l'intérêt qui vous a fait choisir ce thème se confirme ? est-ce que l'intérêt est plus grand que pour les autres thèmes sélectionnés ?) et la possibilité de faire un bon oral (est-ce que les conditions sont réunies pour répondre au mieux aux critères d'évaluation de l'épreuve ?). Pour ce dernier critère, les professeur·es peuvent vous faire gagner du temps.

➔ **Tout au long de cette réflexion, remplissez la fiche synthèse.**
➔ Fiche de synthèse des deux parcours, p. 59

FICHE DE SYNTHÈSE DES DEUX PARCOURS

Vous voici arrivé·e au terme de la première grande étape de votre travail. Le jury du Grand Oral peut tout à fait s'intéresser aux démarches et réflexions qui ont été les vôtres pour construire votre oral (recherches effectuées, rencontres, choix, etc.). Chaque ligne de ce tableau vous permet de résumer toutes vos conclusions précédentes : qui vous êtes, comment vous avez choisi vos enseignements de spécialité, vos thèmes, vos questions, où vous en êtes dans la construction de votre projet d'orientation, etc.
Cette première synthèse pourra vous servir de matière initiale à votre réflexion. Cette fiche est disponible au format imprimable en ligne.

MINI-LIENS minilienrobert.com/1GT9

Fiche de synthèse des deux parcours	
Présentez-vous en 5 mots-clés (intérets, motivation, engagements, *soft skills*, compétences, etc.) en reprenant les éléments de la fiche de bilan personnel .	➔ Faites un bilan personnel initial, p. 35
Faites un lien entre vous et vos choix de spécialités : – Mettez en lien vos intérêts et vos choix de spécialités. – Mettez en lien vos projets professionnels et universitaires et vos enseignements de spécialités.	
Vos choix de thèmes : – Mettez en lien vos intérêts et vos choix de thèmes. – Mettez en lien vos projets professionnels et universitaires et vos choix de thèmes.	
Votre situation d'orientation (1, 2 ou 3)	➔ Identifiez votre situation d'orientation, p. 35
Par rapport au métier ou secteur professionnel que vous visez : – Lien entre les intérêts, compétences, savoir-faire et *soft skills* décrits dans les fiches métiers et les vôtres. – Allez-vous vous y épanouir ? Cela répond-il à vos motivations ?	
Par rapport à la ou les formations post-bac visées : – Lien entre les intérêts, compétences, savoir-faire et *soft skills* décrits dans les fiches formations / attendus / Parcoursup et les vôtres ? – Allez-vous y réussir ? Que va-t-on vous demander ? Quel autre parcours pouvez-vous emprunter ?	

« Qu'avez-vous envie de faire après le bac ? » Après avoir fait ce travail, cette question maintes fois posée par votre entourage vous impressionnera peut-être un peu moins. Le terreau que vous aurez rassemblé en vous lançant dans ce travail va nourrir le choix de la question que vous défendrez à l'oral.
Et si ce n'est pas encore très clair dans votre esprit, pas de panique, ce travail vous aidera justement à définir une orientation ou un milieu professionnel pour la suite. Un milieu qui vous plairait *a priori* et dans lequel vous auriez, compte tenu de vos aptitudes, une chance de pouvoir faire votre place.
Il faut simplement que vous puissiez parler de votre réflexion en faisant des liens avec qui vous êtes et les choix que vous avez déjà dû faire (stage de troisième, première générale ou technologique, choix d'enseignements de spécialité ou spécifiques, etc.)
Ainsi, vous avancez de manière autonome et créative dans vos réflexions d'orientation tout en visant les objectifs du Grand Oral, notamment le troisième temps de l'épreuve.

CE QUE DIT LE PROGRAMME
« Le candidat explique en quoi la question traitée éclaire son projet de poursuite d'études, voire son projet professionnel. »

ÉTAPE 2
CHOISISSEZ BIEN VOTRE QUESTION

1

FORMULEZ VOTRE QUESTION

Lors du Grand Oral, vous devrez présenter une question sur les deux questions préparées dans l'année : cela veut donc dire que vous ne pouvez pas simplement traiter un thème – par exemple, « Histoire et mémoires » – sans l'aborder *via* un questionnement. Cette question montrer votre esprit critique.

Comment transformer vos thèmes de prédilection en question ?
Pour cela, suivez les quatre étapes suivantes.

ÉTAPE 1 • IDENTIFIEZ LES MOTS-CLÉS DES THÈMES CHOISIS ET DÉFINISSEZ-LES

ÉTAPE 2 • CONFRONTEZ LES MOTS-CLÉS DE CE THÈME. POSEZ-VOUS LES QUESTIONS :

- Qu'est-ce qui les lie ?
- Qu'est-ce qui les oppose ?
- Sont-ils complémentaires, en corrélation ou en opposition ?

ÉTAPE 3 • IDENTIFIEZ LES MOTS-CLÉS DE VOS RÉPONSES À CES TROIS QUESTIONS

ÉTAPE 4 • COMPOSEZ VOTRE QUESTION

• Rapprochez les mots-clés qui vous semblent fonctionner ensemble à première vue. Ils doivent créer du sens et vous laisser entrevoir une argumentation possible.

• Si besoin, poussez vos mots-clés un peu plus loin, par exemple en faisant le lien avec l'actualité. Cela peut vous permettre de déboucher sur une question avec laquelle vous vous sentez à l'aise.

EXEMPLE

Voici un exemple d'application de ces quatre étapes.

ÉTAPE 1 • IDENTIFIEZ LES MOTS-CLÉS DES THÈMES CHOISIS

Au sein de la spécialité Humanités, littérature et philosophie, dans le programme de Première, l'un de vos thèmes est « L'homme et l'animal ».

ÉTAPE 2 • CONFRONTEZ LES MOTS-CLÉS DE CE THÈME

Qu'est-ce qui les lie ?

L'homme et l'animal sont tous deux des êtres vivants. L'homme a plus précisément en commun avec l'animal d'être un animal lui aussi ! On dit même de lui, en philosophie, qu'il est un « animal politique » (Aristote), c'est-à-dire social : il est fait pour vivre en société, pour s'accorder avec ses semblables.

Qu'est-ce qui les oppose ?

L'homme se distingue de l'animal par plusieurs critères : il est doué de parole articulée ; il est doté d'un pouce opposable (comme la plupart des primates !), ce qui lui permet de se saisir des choses et de manipuler des outils ; il est capable de rire (selon Rabelais, « Le rire est le propre de l'homme ») ; enfin, l'homme est sapiens sapiens, c'est-à-dire qu'il sait qu'il sait : il est doté de conscience.

Sont-ils complémentaires, en corrélation ou en opposition ?

L'homme et l'animal sont, pour ces raisons, en opposition. Mais ils peuvent aussi être considérés comme complémentaires puisqu'ils représentent différents visages du vivant et qu'il leur arrive de collaborer : le cas des animaux domestiques est particulièrement éloquent à ce titre. L'homme s'emploie par ailleurs à sauvegarder les espèces animales en danger, ce qui est aussi un exemple de solidarité homme-animal.

ÉTAPE 3 • IDENTIFIEZ LES MOTS-CLÉS DANS VOS RÉPONSES À CES TROIS QUESTIONS

Qu'est-ce qui les lie ?
Êtres vivants / Animal / Social
Qu'est-ce qui les oppose ?
Parole / Manipuler / Rire / Conscience
Sont-ils complémentaires, en corrélation ou en opposition ?
Espèces / Vivant / Collaborer / Animaux domestiques / Solidarité

ÉTAPE 4 • COMPOSEZ VOTRE QUESTION

Tout être vivant dépend-t-il d'un groupe social pour exister ou pour survivre ?
Qu'est-ce qui, de la parole, du rire ou de la conscience, définit le mieux l'homme ?
Peut-on qualifier le lien entre hommes et animaux de collaboration ?

EXEMPLE

En Mathématiques, dans le cadre du thème « Analyse » :

ÉTAPE 1 • FAITES LA LISTE DES POINTS DU THÈME

Suites, fonction, limites, continuité, dérivation, convexité, primitive, équations différentielles, intégration, fonctions affines, second, degré, exponentielle, logarithme, trigonométriques.

ÉTAPE 2 • CLASSEZ LES POINTS DU THÈME

On pourra distinguer ce qui relève de propriétés générales, de calculs ou de cas de référence :
- Propriétés générales : continuité, dérivabilité, convexité.
- Calculs : limite, dérivation, intégration.
- Fonctions de référence : fonctions affines, second, degré, exponentielle, logarithme, trigonométriques.

ÉTAPE 3 • REGROUPEZ LES POINTS DU THÈME

On pourra s'aider des applications ou de points historiques sur la construction.

Exemple 1 : Suites et fonctions

- La suite permet de travailler en temps *discret* la fonction en temps *continu*.
- Les phénomènes continus sont souvent obtenus comme limites d'évolutions discrètes :
  - Calcul de la longueur d'un cercle.
  - Construction de la dérivée par Newton et Leibniz.
  - Approximation du logarithme.

Exemple 2 : Dérivée et convexité

- La dérivée mesure le sens d'évolution, la convexité mesure la vitesse d'évolution d'un phénomène.
- La convexité s'obtient en mesurant la dérivée seconde.
- La fonction exponentielle et carrée est convexe, le logarithme est concave.
- La notion de convexité est exploitée en physique (accélération) ou en économie (courbe de Lorenz).

ÉTAPE 4 • TROUVEZ UNE QUESTION

Exemple 1 :

- Est-il plus précis de travailler sur une fonction plutôt que sur une suite ?
- Pourquoi discrétiser les phénomènes continus ?

Exemple 2 :

- Peut-on dire qu'une évolution est modifiée lorsque la fonction change de variations ?
- Quelles informations apportent les dérivées successives d'une fonction ?

Vous pouvez recommencer l'étape 3 avec d'autres associations.

2

RELIEZ VOTRE QUESTION À VOUS

Vous avez déjà esquissé ce travail lors de l'étape 1.

→ Faites le point, p. 34

Maintenant que vous avez vos deux questions, demandez-vous pourquoi vous avez envie de les porter devant le jury et formulez-le clairement sur la fiche de synthèse.

→ Fiche de synthèse des deux parcours, p. 59

EXEMPLE

Vous pourriez avoir choisi la question « Le tourisme permet-il de préserver le patrimoine ou au contraire le fragilise-t-il ? » parce que :

- vous aimez voyager, visiter des monuments, des musées ;
- le comportement irrespectueux de certains touristes vous a questionné·e ;
- vous êtes sensible à la préservation du monde qui vous entoure.

EXEMPLE

• Vous souhaitez devenir archéologue : vous trouvez que le chapitre « L'histoire humaine lue dans son génome » fait écho à votre aspiration professionnelle ; vous envisagez de devenir oncologue : vous êtes passionné•e par le chapitre « Altération du génome et cancérisation » et vous aimeriez vous appuyer dessus pour votre oral.

• Vous souhaitez devenir vétérinaire ou océanographe, vous avez choisi la spécialité SVT car elle vous a paru essentielle pour votre orientation post-bac, mais vous ne trouvez pas que le programme résonne beaucoup avec votre choix en termes de contenu : cherchez à l'aide de votre professeur•e les compétences travaillées qui vous seront utiles dans votre orientation. Par exemple, vous avez analysé des signes cliniques et réalisé des manipulations qui demandaient de la précision dans le chapitre « Le système immunitaire humain ».

Faire ce travail vous permettra de vérifier une nouvelle fois que ces questions vous correspondent, qu'elles sont suffisamment en résonance avec vos aspirations pour que vous ayez envie de les défendre si le jury les interroge.
C'est aussi le moment de vous assurer que vous aurez envie d'explorer vos questions avec enthousiasme. Quand on est enthousiaste, on ne se rend pas compte qu'on travaille !

3

LE CAS DES QUESTIONS TRANSVERSALES

Une question transversale est une question qui va vous permettre de combiner vos deux spécialités. La transversalité (ou non transversalité) d'une question viendra progressivement à mesure que vous élaborerez votre question.
Au cours du processus d'élaboration de celle-ci, demandez-vous régulièrement si votre question pourrait s'appuyer sur vos deux spécialités et si les connaissances des deux spécialités sont utiles pour y répondre.

> Il pourra arriver qu'une question appelle à mobiliser les deux spécialités mais que vous fassiez le choix d'y répondre en n'en mobilisant qu'une seule. Dans ce cas, le jury vous demandera sûrement d'expliquer pourquoi vous avez fait ce choix.
> Il faut donc, que votre question soit transversale ou non à la fin, que vous connaissiez les savoirs mobilisables dans les deux spécialités.

Ainsi, même si vous ne les exploitez pas dans le premier temps, vous montrerez au jury que vous les maîtrisez dans le deuxième temps.

EXEMPLE

Si vous voulez devenir climatologue, vous pouvez choisir le thème du réchauffement climatique en SVT et le rapprocher de l'étude des enjeux énergétiques et de la chimie verte en Physique-Chimie.
Cette combinaison pourrait par exemple donner cette question : « Comment limiter l'impact du réchauffement climatique sur les écosystèmes ? » ou « Comment limiter l'impact du réchauffement climatique sur la santé humaine », ou encore « Comment limiter l'impact du réchauffement climatique sur la qualité de vie humaine ? ».

Ce type de questions peut demander un effort supplémentaire d'organisation. La question devra être validée par vos deux professeur·es de spécialités. Veillez donc à les avertir le plus tôt possible, afin qu'ils et elles puissent vous accompagner au mieux dans la formulation de la question et son traitement.
En fonction des lycées, les organisations logistiques seront différentes. Si c'est possible, demandez à vos professeur·es un rendez-vous en commun au moment qui vous semble le plus opportun (la validation du plan, par exemple). En outre, gardez à l'esprit que le jour de l'oral, les membres du jury seront aussi susceptibles de vous interroger sur le programme des deux spécialités qui auront été traités *via* la question.

La transversalité permet d'approfondir et d'enrichir une réflexion.
La question, qui n'est plus cloisonnée à une seule spécialité, est ainsi abordée de manière plus globale.

EXEMPLE

Un même outil n'est pas présenté de la même manière en Mathématiques, en SVT ou en Physique-Chimie : prendre le temps de faire cette distinction et utiliser ces outils dans différents contextes vous permettra de mieux vous les approprier.

Cela peut vous permettre de dépasser des questions propres à chaque spécialité et de formuler une question éventuellement plus pertinente. Aussi, elle vous donne l'occasion de multiplier les pistes de recherche, de réflexion, les possibilités de mettre vos intérêts et aspirations personnelles et professionnelles en avant. Si la perspective d'être interrogé·e sur les deux programmes vous effraie, dites-vous que vous devrez travailler ces programmes quoi qu'il arrive pour le Grand Oral, en préparant des questions transversales ou non transversales (une dans chaque spécialité). Alors, si votre question appelle à combiner vos deux spécialités, n'hésitez pas !

4

VALIDEZ VOTRE QUESTION

Vous hésitez encore ? Vous n'êtes pas sûr·e de votre question ? Essayez de voir si c'est une question pour laquelle vous aurez de la matière, si elle suscite l'intérêt.

CONSULTEZ LES COURS CONCERNÉS PAR VOTRE QUESTION

Le cours doit être votre premier support. Avant de chercher des pistes de réflexion grâce à d'autres moyens, soyez sûrs de consulter le ou les cours concernés.
Ils vont vous permettre de balayer les connaissances attendues autour de votre question et d'identifier quels peuvent être les notions clés, les interrogations associées et les thèmes liés auxquels vous n'auriez pas forcément pensés.

Vérifiez avec vos professeur·es si votre question concerne d'autres thèmes du programme auxquels vous n'auriez pas pensés spontanément, ainsi que les liens avec les programmes de Première.

Si vous avez choisi une question transversale, assurez-vous de consulter les cours concernés dans les deux spécialités.

Votre question traite d'un point du programme que vous n'avez pas encore vu en classe ?
Si votre question traite d'un cours qui n'a pas encore été vu avec vos professeur·es au moment où vous faites votre choix, demandez-leur à quel moment de l'année ce thème sera étudié.
Ayez à l'esprit qu'il peut y avoir des aléas, que le calendrier de vos professeur·es et l'étude du programme peuvent être bousculés de multiples façons (le COVID-19 l'a malheureusement bien montré).
Toutefois, si c'est vraiment ce point du programme qui vous anime, allez-y. Vous pouvez travailler le thème seul en amont. Vos professeur·es pourront vous accompagner dans un premier temps sur la formulation de la question et vous guider dans vos recherches, avant de vous aider sur les questions de cours quand le thème en question sera abordé en classe.
Ce choix peut aussi avoir des avantages ! Si votre question s'appuie sur un thème vu au second ou au troisième trimestre, le cours pourra être plus frais dans votre esprit au moment de l'épreuve.

Une fois que vous avez toutes les informations nécessaires en tête, prenez le temps de peser le pour et le contre. Mais n'oubliez pas que votre premier critère doit rester celui de votre goût pour le thème choisi ! Alors, à moins d'une contrainte logistique ou organisationnelle insurmontable, laissez-vous porter par vos préférences, vous ne serez que plus enthousiaste de travailler sur le sujet ensuite !

➔ Remarque : vous allez faire appel à vos cours tout au long de votre préparation.
– Au début, pour identifier les thèmes sur lesquels votre question va s'appuyer et qui pourraient être liés à votre projet d'orientation. ➔ Identifiez les thèmes du programme sur lesquels appuyer votre question, p. 50
– Pendant la validation de votre question puis pendant la construction de vos arguments et votre travail de recherche. Il sera intéressant d'identifier les éléments du cours qui pourraient vous aider à répondre à votre question ainsi que les mots-clés susceptibles de vous aider à trouver des sources pertinentes.
➔ Préparer le 1er temps : 1. Faites des recherches pour votre oral, p. 83 ; Préparer le 1er temps : 2. Construisez et écrivez votre discours, p. 101
– Pour vous préparer au deuxième temps et aux questions du jury. Vous devrez être capable de mobiliser les cours sans support pour répondre aux examinateurs et examinatrices. C'est surtout pour ce deuxième temps que vous allez devoir vous assurer que vous maîtrisez les connaissances liées aux programmes. Mais les moments de préparation de votre question vous auront certainement permis de bien connaître les cours, il ne s'agira alors que de révisions.
➔ Préparer le 2e temps : L'échange avec le jury, p. 126

PARLEZ-EN AUTOUR DE VOUS

Une fois votre question déterminée et vos cours maîtrisés, parlez de cette dernière autour de vous pour voir ce qu'elle provoque chez vos proches (vos parents, vos frères et sœurs, vos amis, les amis de vos parents, vos cousin·es, etc.).
Commencez à la défricher avec eux, à dire comment vous auriez envie de spontanément la traiter, à partir du cours et de ce que vous avez commencé à analyser.

Eddy discute avec son père 01:06:55

Eddy débat de son sujet « L'erreur est-elle un droit ? » avec son père.

Les fruits de cette discussion 01:09:00

Regardez ensuite un extrait de sa prestation sur ce sujet lors de la demi-finale.

SOYEZ OUVERT·E AUX CRITIQUES

Il n'est pas rare de vouloir garder ses réflexions pour soi, par crainte des réactions négatives, des nécessaires adaptations que les retours exigeraient. Et ce n'est pas si facile, en effet, de recevoir les retours. Sans forcément le formuler, quand on est content·e de ses idées, on s'attend à ce que celles et ceux à qui on en parle soient aussi enthousiastes que nous. Il n'est pas rare de voir des ami·es se disputer après que l'un·e a critiqué le travail de l'autre, même si cela a été fait dans un esprit constructif.

Si elles sont formulées de manière positive, les critiques sont toujours intéressantes :

– Elles sont l'occasion de découvrir d'autres façons d'aborder le sujet. Votre interlocuteur ou interlocutrice a son histoire, son point de vue, ses centres d'intérêt, ses propres connaissances. Ses retours peuvent vous amener à préciser vos réflexions.

– Les critiques peuvent aussi vous permettre de voir les limites de votre question : tient-elle la route pour un exposé de 5 minutes ? Si oui, quels sont les points qui semblent faire débat spontanément ?

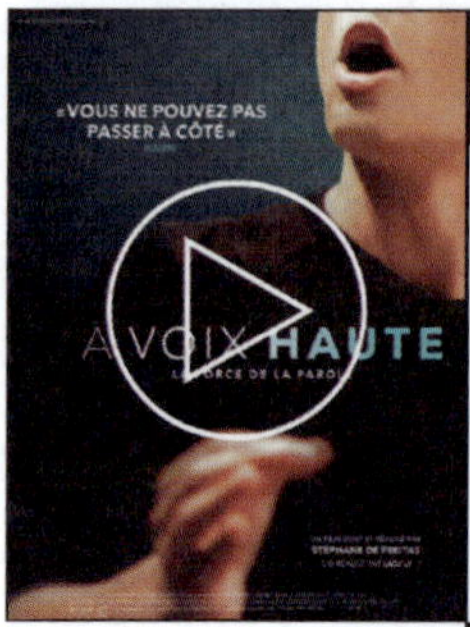

L'émotion au cœur du texte 00:33:30

L'enseignante Alexandra Henry a demandé aux étudiant·es d'écrire un texte sur quelque chose qui leur tenait à cœur. Hanane se lance dans un morceau de rap personnel dédié à sa mère. Quand Leïla prend la parole pour parler d'un poète syrien torturé par Bachar Al-Assad, elle est submergée par l'émotion. Sa sincérité embarque toute la salle.

Peut-on rire de tout ? 00:38:55

Un peu plus tard, Thomas prend la parole et utilise le second degré dans son discours. Il se montre assez taquin puisqu'il critique les arguments qu'il considère « larmoyants » des discours de Leïla et d'Hanane. Ce jour-là, sa prestation a provoqué des réactions très mitigées. Ses camarades s'étaient ouvertes à l'ensemble de la classe au sein de laquelle il régnait jusqu'à présent une extrême bienveillance.

Dans les coulisses du film

Pour détendre l'atmosphère, l'enseignante Alexandra Henry a alors demandé aux élèves si l'on pouvait rire de tout et il s'en est suivi des échanges intéressants que je n'ai pas pu transposer entièrement dans le film. La grande majorité de la classe était d'accord sur le fait que les mots pouvaient blesser. Mais beaucoup étaient aussi persuadé·es que la liberté de pouvoir critiquer était essentielle et que les critiques pouvaient être constructives si elles étaient formulées de manière bienveillante. L'essentiel est donc bien de toujours faire attention à la manière dont vous dites les choses pour que votre message ne soit pas parasité ou mal interprété.

Parler de votre question autour de vous, c'est aussi ancrer votre engagement pour celle-ci. À partir du moment où vous l'énoncez, vous devez être capable de dire pourquoi vous avez souhaité la traiter et comment vous souhaitez le faire. Vos interlocuteurs et interlocutrices vont vous le demander, c'est certain. Afin de vous préparer à leur répondre, n'hésitez pas à faire régulièrement le point sur ce qui vous donne envie de porter cette question au Grand Oral. → Parlez-en autour de vous, p. 74

Parler de votre question avec votre entourage et savoir recevoir leurs critiques est un entraînement du quotidien, très précieux. Au fur et à mesure, à force de l'expliquer, qui plus est à des publics différents, vous allez en mesurer toutes les dimensions. Et vous allez gagner en assurance.
Cette question va devenir VOTRE question. Celle que vous allez exposer au Grand Oral. Et l'assurance accumulée lors de ces différentes discussions vous servira pour l'examen, et surtout pour la suite de votre vie personnelle et professionnelle.

Prenez des notes

Les différents retours de votre entourage sur votre question sont autant de pistes, d'exemples, d'illustrations dans l'actualité que vous pourrez éventuellement développer. Attention, tout ne sera pas forcément bon à prendre, mais, dans un premier temps, notez toutes les idées. Vous ferez le tri plus tard, avant de vous lancer dans la préparation du plan.

> Pour noter ces pistes de réflexions, ayez toujours avec vous un carnet dédié à votre oral. Vous pouvez aussi utiliser l'application Notes de votre téléphone. N'attendez pas de rentrer chez vous pour les noter, au risque de les oublier, écrivez-les tout de suite.

Dialoguez avec vos camarades et vos enseignant·es

Ne paniquez pas si votre question n'évoque rien chez vos proches. Cela peut arriver car votre entourage n'a pas forcément, comme vous, la tête dans les manuels scolaires en vue du baccalauréat. Dans ce cas, privilégiez les retours de vos camarades de classe et de vos professeur·es.

> Votre professeur·e documentaliste, avant de vous aider à vous lancer dans vos recherches, peut aussi être de très bons conseils. N'hésitez pas à lui parler de votre question.
> Et bien sûr, n'hésitez pas à demander un entretien avec vos professeur·es de spécialités, pour faire le point sur vos grandes idées avant de vous lancer dans la rédaction.

Vos camarades et professeur·es peuvent vous permettre d'élargir ou de rétrécir votre fenêtre de tir : les bornes chronologiques de votre sujet, l'espace géographique étudié, l'échantillon de population etc.

Comment faire pour échanger avec vos proches, vos camarades ou vos professeur·es ?

Vous pouvez organiser des exercices : « Le vice versa », « Le hackaton des questions » et « La tempête des idées ».

EXERCICE

Le vice versa

Avant de vous lancer dans « Le hackaton des questions », faites « Le vice versa ». Cet exercice permet de prendre conscience de l'existence d'autres avis, d'autres visions d'un même sujet. Il dédramatise les retours que les autres peuvent faire sur votre idée.

COMPÉTENCES TRAVAILLÉES : la structuration de votre propos ; l'introspection ; le développement de l'esprit critique ; la créativité ; la maîtrise du corps et de la voix ; la mobilisation de vos connaissances.

OBJECTIFS : développer un argumentaire, convaincre, faire une réfutation.

NOMBRE DE PERSONNES : 1 personne + minimum 1 personne pour le public.

DURÉE TOTALE : 21 minutes.

ÉTAPE 1 • PRÉPARATION DES ARGUMENTS • 15 minutes
À partir d'un thème donné, sous forme de question fermée (par exemple : « Faut-il manger des animaux ? »), préparez vos arguments. Vous devez trouver deux arguments qui permettent de répondre positivement à la question, puis deux arguments pour y répondre négativement.

ÉTAPE 2 • PLAIDOYERS INVERSÉS • 6 minutes
Placez-vous devant votre public. Pendant 3 minutes maximum, présentez d'abord vos arguments « pour ». Puis retournez-vous et défendez la thèse inverse, en énonçant vos arguments « contre ».

➔ **Vous serez probablement plus convaincant·e quand vous présenterez les arguments avec lesquels vous êtes d'accord. Inconsciemment, vous affirmerez plus naturellement votre posture, votre regard, votre façon de porter votre voix.**

Si vous êtes plusieurs, inversez ensuite les rôles.

➔ **Cet exercice permet d'anticiper les prises de position d'autrui. C'est aussi l'occasion de se familiariser avec l'acceptation d'une autre vision et la pratique de l'empathie.**

EXERCICE

Le hackaton des questions

COMPÉTENCES TRAVAILLÉES : l'introspection ; la structuration de votre propos.

OBJECTIF : évaluer la pertinence de la question que vous présenterez au Grand Oral.

NOMBRE DE PERSONNES : 1 personne + minimum 1 personne pour le public.

DURÉE TOTALE : 10 minutes par personne.

ÉTAPE 1 • **LANCEZ-VOUS** • 2 minutes maximum
Énoncez votre question, les trois grandes idées de votre exposé (si vous les avez déjà) et surtout les motivations personnelles ou professionnelles qui vous ont poussé·e à choisir ce sujet.
Vous disposez de 2 minutes. Votre prestation ne peut pas durer moins d'une minute.

ÉTAPE 2 • **LA « TEMPÊTE » DE QUESTIONS** • 5 minutes
Quand les deux minutes sont écoulées, votre public vous pose des questions sur : le sujet abordé ; la formulation de la question ; les motivations personnelles ; le rapport entre cette question et votre orientation professionnelle ; les idées qui vont articuler l'exposé.

ÉTAPE 3 • **BILAN** • 3 minutes
Le public est ensuite invité à vous donner son sentiment sur vos réponses. Il peut également :
- suggérer un autre sujet ou formuler la question différemment ;
- suggérer des idées, des pistes de réflexions à approfondir, des parties du programme scolaire qui pourraient être utiles.

Ensuite, échangez les rôles. Chaque personne a 2 minutes de prise de parole.

VARIANTE
Si l'exercice est fait en classe, il est mené par le ou la professeur·e.
À la fin, il ou elle complète, si nécessaire, les propos de la classe.
Pendant l'exercice, le public prend le temps de noter ses questions et ses sentiments sur une feuille. Ainsi, vous aurez de précieuses notes sur lesquelles revenir *a posteriori*.

EXERCICE

« La tempête des idées »

« La tempête des idées », est une variante du « Hackaton des questions », qui peut être très intéressante à ce moment de votre réflexion.

COMPÉTENCES TRAVAILLÉES : l'introspection ; la structuration de votre propos.

OBJECTIFS : vérifier la pertinence de vos idées ; élargir le spectre de réflexion ; préparer le terrain des recherches.

NOMBRE DE PERSONNES : 1 personne + minimum 1 personne pour le public.

DURÉE TOTALE : 7 minutes par personne.

ÉTAPE 1 • LANCEZ-VOUS • 2 minutes maximum

Énoncez votre question, les trois grandes idées de votre exposé (si vous les avez déjà) et surtout les motivations personnelles ou professionnelles qui vous ont poussé·e à choisir ce sujet. Vous disposez de 2 minutes. Votre prestation ne peut pas durer moins d'une minute.

ÉTAPE 2 • LA « TEMPÊTE » DES IDÉES • 5 minutes

Quand les deux minutes sont écoulées, vous invitez le public à donner son sentiment sur les idées présentées et également à suggérer :

- des idées, des pistes de réflexions à approfondir, des parties du programme scolaire qui pourraient être utiles ;
- des sources à explorer (livre, film, article, blog, etc.).

Ensuite, échangez les rôles. Chaque personne a 2 minutes de prise de parole. Le public prend des notes afin de reporter toutes les remarques, conseils et idées. Ainsi, vous pouvez avoir une trace de votre passage et des retours des autres.

➔ **N'hésitez pas à noter pendant tout le processus d'élaboration de votre question, les obstacles que vous auriez pu rencontrer en chemin ou les connaissances nouvelles qui seraient venues s'ajouter. Ces bilans réguliers vous permettront d'avoir une trace de toute votre démarche et de pouvoir en discuter avec le jury lors du deuxième temps.**

ÉTAPE 3
PRÉPAREZ VOTRE PRÉSENTATION TOUT AU LONG DE L'ANNÉE

PRÉPARER LE 1er TEMPS

1. Faites des recherches pour votre oral

CE QUE DIT LE PROGRAMME
« Le jury évalue la solidité des connaissances, la capacité de l'élève à argumenter et à relier les savoirs, son esprit critique. »

Vous devez donc produire un discours qui démontre :
– votre maîtrise des connaissances acquises en classe de Première et de Terminale ;
– votre maîtrise des enjeux du sujet ;
– votre capacité à prendre du recul sur le sujet et à en comprendre toutes les dimensions ;
– votre capacité à conduire et exprimer une argumentation personnelle, bien construite et raisonnée.

Pour conduire une argumentation personnelle, bien construite et raisonnée vous devez trouver les idées qui vont alimenter votre réflexion. Chaque idée doit reposer sur un ou plusieurs arguments, chaque argument doit être étayé par un exemple.

OÙ CHERCHER DE LA DOCUMENTATION POUR ÉTAYER VOTRE PROPOS ?

Souvenez-vous que votre prise de parole du premier temps ne dure que 5 minutes. Si vous développez trois idées, elles doivent être concises. Le jury sera attentif à ce que vous produisiez un discours fluide, efficace, à la fois tirant pleinement profit du temps et développant vos propositions.

Ne vous censurez pas pour autant dans vos recherches : les éléments que vous aurez trouvés et qui n'auront pas leur place dans votre discours pourront éventuellement vous aider à comprendre toutes les dimensions de votre sujet ou être utilisés dans la partie d'échange avec le jury, après votre prestation.
Vous avez aujourd'hui la chance d'avoir accès à une large documentation. Mais cette abondance peut aussi être source de difficultés. Afin de ne pas vous laisser submerger, concentrez-vous d'abord sur des ressources proches de vous dans un lieu où vous pourrez être guidé·e avant d'élargir votre champ de recherche.

EXEMPLE

Une photo, une expérience, un article, etc., vous ont particulièrement marqué·e ? Même si le jury ne dispose pas de cet élément le jour de l'examen, vous pourrez le décrire et expliquer en quoi il a été fort pour vous et en quoi il fait avancer les idées que vous défendez. N'oubliez pas de bien indiquer la source.
En HGGSP, il peut s'agir par exemple de la photographie de la boîte aux lettres avec le portrait de Simone Veil sur lequel plusieurs croix gammées ont été taguées, place d'Italie à Paris, le 11 février 2019, soit quelques mois après son entrée au Panthéon le 1er juillet 2018. Une image forte qui démontre la présence toujours actuelle de l'antisémitisme dans la société française.

Auprès de vos professeur·es

Comme pour la recherche d'idées, vos enseignant·es peuvent être d'une grande aide. Après tout, ce sont les spécialistes du programme sur lequel votre question s'appuie !

QUE LEUR DEMANDER ? Ils ou elles peuvent vous donner des bibliographies à explorer, vous indiquer des références ou bases de données de ressources audiovisuelles, des blogs, des liens vers des cours en ligne, etc.

→ Des exemples par spécialité, p. 192

Au CDI

À l'heure d'Internet, ne négligez pas cette ressource au sein de votre lycée ! Le ou la professeur·e documentaliste pourra vous orienter dans la plateforme de recherche du CDI, dans la base de données, vous donner accès aux archives de la presse ou à des magazines, revues, sites Internet qui nécessitent un abonnement. Autant de sources que vous ne soupçonniez peut-être pas ! Et vous pourrez ainsi les consulter gratuitement depuis votre lycée.

QUE CONSULTER ? Des ouvrages de référence, des usuels (dictionnaires, encyclopédies, atlas, etc.), des journaux, des magazines, des revues spécialisées habituellement réservées aux abonnés, des accès à des sites Internet habituellement payants, des bases de données, etc.

N'oubliez pas de prendre en considération la date des documents consultés. Ces ressources sont un bon moyen de vérifier les actualités récentes éventuelles en lien avec votre question.

> Si votre CDI ne dispose pas d'un ouvrage dont vous avez besoin, pensez à consulter les bibliothèques ou médiathèques proches de chez vous !

Auprès des institutions culturelles

N'hésitez pas à vous renseigner sur les musées, centres d'archives ou encore palais des sciences qui pourraient être en lien avec votre question. S'ils sont à côté de chez vous, foncez y faire un tour. Si ce n'est pas le cas, pas de panique, Internet est là pour vous aider !

QUE PEUVENT-ELLES OFFRIR ? Des expositions susceptibles de vous fournir de la matière, des ressources numériques spécialisées (beaucoup de musées ou de centre d'archives mettent à disposition des expositions virtuelles ou même certains catalogues), des documents d'archives, des bibliographies propres à votre champ de recherche, etc.

EXEMPLE
La Bibliothèque nationale de France met est en ligne de nombreuses expositions très riches et accessibles aux lycéens. Par exemple : « La Guerre de 14-18 », « Sciences pour tous », « La mer, terreur et fascination », « L'AFP et la photo de presse 1944-2004 », etc.
De même, les sites Gallica, Europeana ou encore les collections en ligne de Paris Musées sont d'immenses bases de données pour trouver des sources.

Sur Internet

Vous allez bien évidemment chercher de la documentation sur Internet, et il n'y a aucun mal à cela. Bien au contraire ! Vous allez avoir accès à de nombreuses ressources que les bibliothèques proches de chez vous pourraient ne pas avoir.
Il faut simplement faire bien attention aux sources des documents que vous y trouverez et à leur fiabilité.
→ Comment tester la fiabilité de vos sources ?, p. 93

QUE CONSULTER ? Des sites spécialisés comme la plateforme Fun Mooc ou le site Lumni (ce dernier est destiné aux élèves et consacre une

page de ressources en lien avec les programmes des spécialités), des sites d'informations, des sites institutionnels comme ceux de l'UNESCO, de l'ONU, ou encore de l'UE, des chaînes YouTube, des émissions de radio et des podcasts, etc.
La liste est longue !

Sur Wikipédia

Pour trouver les informations les plus complètes possible sur Wikipédia, n'hésitez pas à consulter les pages dans différentes langues (en français et en anglais, en français et en italien, etc.). De même, n'hésitez pas à consulter différentes pages qui concernent plus ou moins précisément votre question. Cela vous permettra de croiser différentes informations, d'en obtenir des supplémentaires, et parfois d'éclairer des explications qui n'étaient pas claires sur les premières pages que vous aviez consultées.

> Aussi, ne négligez pas les notes de bas de page sur Wikipédia. Ce sont des mines d'informations qui vous permettront de consulter directement les textes sources des différentes données, de vous orienter vers d'autres auteurs, d'autres articles, d'autres ressources.

Comme pour toutes les autres sources, n'oubliez pas de vérifier la fiabilité des informations. La plateforme indique parfois le niveau de qualité de ces articles. Dans tous les cas, soumettez les informations tirées de Wikipédia au test de fiabilité.
→ Comment tester la fiabilité de vos sources ?, p. 93

En élargissant le cercle

Si vous ne trouvez pas vos réponses dans la documentation qui existe, créez-la. Allez interroger directement les spécialistes. Ce ne sont pas forcément des personnes hors d'atteinte : en fonction de votre question, ce peut être un·e ami·e de vos parents qui travaille dans la sécurité informatique, votre médecin de famille, un·e commerçant·e autour de chez vous, le frère ou la sœur de votre meilleur ami·e, etc.

EXEMPLE

- En HGGSP, ces personnes ressources pourraient être :
– un·e élu·e local·e ou un·e député·e européen·e pour le thème 1 du programme de Première « Comprendre un régime politique : la démocratie »
– un·e journaliste de la presse locale, régionale voire nationale pour le thème 4 du programme de Première « S'informer : un regard critique sur les sources et modes de communication »
– un·e témoin de l'histoire (un·e ancien·e résistant·e par exemple) pour le thème 3 du programme de Terminale « Histoire et mémoires ».
- En Physique-Chimie, en NSI ou en SVT, il pourrait s'agir d'un chercheur ou d'une chercheuse rencontré·e lors de la Fête de la science, dont les manifestations ont lieu à l'automne dans de nombreuses villes de France.

Ne partez pas défaitiste en pensant que les gens n'ont pas le temps et que vous allez les déranger. Vous serez surpris·e de constater que la plupart seront ravi·es de vous consacrer un peu de temps pour vous aider.

COMMENT BIEN PRÉPARER CES RENCONTRES ?

Préparez bien vos questions en amont et, si les personnes sont d'accord, enregistrez-les le jour de l'interview. Des applications gratuites existent pour votre téléphone ou votre ordinateur.
En les enregistrant, vous serez pleinement concentré·e au moment de l'interview. Vous n'aurez pas à vous préoccuper de votre prise de notes. Vous pourrez ainsi rebondir sur leurs réponses et remarques et vous pourrez réécouter l'enregistrement à tête reposée afin d'en extraire des citations pour votre sujet.
Si vous leur parlez au téléphone, privilégiez le téléphone fixe de la maison. Mettez le haut-parleur et enregistrez la conversation sur votre téléphone ou ordinateur, toujours en leur demandant leur accord.

Lors de ces rencontres, le but est de trouver des informations pour étayer votre présentation. Mais gardez en tête le troisième temps sur le projet d'orientation : si les recherches pour le premier temps vous conduisent à rencontrer un·e spécialiste, pensez toujours à lui poser des questions sur son métier et son parcours si ceux-ci vous intéressent. Cela vous donnera des éléments concrets sur la carrière éventuelle que vous pourriez suivre. Mais aussi de la matière pour alimenter l'échange avec le jury le jour de l'oral. → Préparer le 3e temps : Comment mettre en avant vos aspirations personnelles et professionnelles ?, p. 132

Élaborez une revue de presse

Une revue de presse est une synthèse des informations relevées dans les grands journaux ou magazines généralistes ou spécialisés. La presse écrite, qui utilise traditionnellement le support papier, développe depuis plusieurs années des supports en ligne facilement accessibles.
De nombreux médias proposent aujourd'hui des revues de presse :
– France Info, France Inter, France Culture ou encore RTL : ces radios proposent une revue de presse matinale quotidienne à écouter en direct ou en en podcast.
– France 24 : cette chaîne de télévision passe en revue chaque matin les unes de la presse française et étrangère.
– Le journal *Courrier international* propose en ligne des revues de presse portant sur l'actualité internationale.

ÉTAPE 1 • DÉTERMINEZ SUR QUOI VA PORTER VOTRE REVUE DE PRESSE

• Sur l'ensemble de votre sujet

Elle portera de préférence sur l'ensemble de votre sujet. Dans ce cas, il faut sélectionner dans un premier temps les grands thèmes de votre sujet. → Identifiez les thèmes du programme sur lesquels appuyer votre question, p. 50

> **EXEMPLE** En HGGSP, si votre question porte sur les conflits au Moyen-Orient, les grands thèmes peuvent être la guerre et la paix au Moyen-Orient, les organisations terroristes, le conflit israélo-palestinien.

• **Sur un thème de votre sujet**
Elle peut aussi porter sur un thème de votre sujet particulièrement lié à l'actualité.

EXEMPLE
• En HGGSP, si votre question porte sur la Chine à la conquête de l'espace, au programme de Terminale, le thème en lien avec l'actualité peut être le projet de la future station spatiale chinoise.
• En SVT, si votre question porte sur le système immunitaire humain au programme de Première, votre lien avec l'actualité peut être le COVID-19.

ÉTAPE 2 • DÉTERMINEZ QUELS JOURNAUX ET PÉRIODIQUES SÉLECTIONNER
• Sélectionnez les grands journaux et périodiques de la presse nationale voire internationale que vous souhaitez inclure dans votre revue de presse.
• Pour chaque titre, identifiez les différentes rubriques, elle sont généralement classées par thèmes. Choisissez celle(s) qui correspond(ent) à votre spécialité ou à votre sujet (par exemple, le journal *Le Monde* comprend une rubrique « Actualité », elle-même divisée en sous-rubriques « International », « Politique », « Société », « Sciences », etc.).
• Sélectionnez ensuite des journaux et périodiques spécialisés. N'oubliez pas de vérifier leur fiabilité. → Comment tester la fiabilité de vos sources ?, p. 93

EXEMPLE
• En HGGSP, les magazines *L'Histoire* et *Le Monde diplomatique* paraissent mensuellement.
• En SVT, voyez les magazines *Pour la science* et *La Recherche*.

ÉTAPE 3 • DÉTERMINEZ LA FRÉQUENCE DE VOTRE REVUE DE PRESSE

Dans le cadre de la préparation au Grand Oral, plusieurs fréquences sont possibles pour élaborer la revue de presse.

• **Vous pouvez la constituer :**

- Au début de votre préparation → Elle constituera ainsi une source précieuse d'informations initiales.
- Régulièrement (toutes les semaines, tous les quinze jours, une fois par mois) → Elle vous permettra de suivre l'évolution des publications liées à votre question tout au long de votre préparation.
- Quelques semaines avant l'épreuve → Elle vous permettra ainsi d'avoir une vision globale des sujets d'actualité récents en lien avec les questions présentées.

La fréquence que vous choisirez dépendra aussi du rythme de parution des journaux et périodiques dont vous souhaitez suivre les publications (étape 2).

Le rythme de parution des journaux et périodiques peut être :
– Quotidienne (parution tous les jours).
Par exemple : *Le Monde, Libération, le Figaro.*
– Hebdomadaire (parution toutes les semaines).
Par exemple : *Le Journal du Dimanche, Le Point, L'Express, Courrier International.*
– Bimensuel (parution deux fois par mois).
Par exemple : *Historia.*
– Mensuelle (parution tous les mois).
Par exemple : *Pour la science, Philosophie magazine, Sciences humaines.*
– Bimestrielle (parution deux fois par trimestre).
Par exemple : *GEO Histoire, Tangente.*
– Trimestrielle (parution tous les trois mois).
Par exemple : *Science magazine* ou les hors-série de *Pour la science.*
– Quadrimestrielle (parution tous les quatre mois).
– Semestrielle (parution tous les six mois).
– Annuelle (parution une fois par an).

ÉTAPE 4 • SÉLECTIONNEZ ET ORGANISEZ LES INFORMATIONS

• **Sélectionnez les informations**
À partir de la lecture de plusieurs articles (limitez leur nombre afin de ne pas être submergé·e par une trop grande quantité d'informations), sélectionnez les informations pertinentes : citations, données récentes, témoignages, sondages, etc.

• **Confrontez les informations**
Vous porterez particulièrement attention aux différentes manières dont l'information est traitée. Cherchez et relevez dans plusieurs médias les points communs et les différences de traitement. Vérifiez l'orientation politique du journal, ou son impartialité (en sciences), ou encore le point de vue de l'auteur ou autrice de l'article.

ÉTAPE 5 • SYNTHÉTISEZ LES INFORMATIONS

Chaque semaine, ou en fonction de la fréquence que vous avez choisie (étape 3), inscrivez les informations recueillies sous forme de notes, par exemple dans un tableau.

Indiquez le ou les thèmes sélectionnés

TABLEAU REVUE DE PRESSE		
Thème :		
Référence de la source (nom du journal, titre de l'article, auteur ou autrice, date, numéro de publication et de page)	**Idée(s) développée(s)**	**Commentaire(s)**

Précisez la référence de la source

Enrichissez cette synthèse de vos réflexions personnelles, car au-delà de la collecte d'informations, il s'agit aussi pour vous d'élaborer votre propre point de vue sur le sujet

Synthétisez les informations et ne retenez que celles qui vous paraissent importantes pour vos recherches

MINI-LIENS minilienrobert.com/1GT10

Pour une même information, vous veillerez à bien croiser les différents regards portés en fonction du point de vue de la source.

➔ **Comparez ainsi la façon dont est rapportée une même information dans deux journaux différents : quelles sont les différences sur la forme (titre, image, etc.) ? Sur le fond (commentaires, prises de position) ? Qu'apporte ce croisement des points de vue pour votre argumentation ?**

BONUS

Vous pouvez ensuite, sur le même modèle, organiser les informations par sous-thèmes, par points de vue (pour cerner les sujets qui font débat), ou encore de manière chronologique (pour vérifier si le regard porté sur le sujet évolue sur un temps long). Vous pourrez alors rédiger la synthèse de ces informations en adoptant cette organisation.
Présentée ainsi, votre revue de presse sera plus facile à partager avec votre professeur·e ou vos camarades, si vous le souhaitez.

Entraînez-vous à présenter régulièrement votre revue de presse à l'oral à vos camarades.

FAITES LE POINT SUR VOS SOURCES

Comment tester la fiabilité de vos sources ?

Quelle que soit la source, vous devez vérifier la fiabilité de l'information. Pour cela, vous devez confirmer l'information recueillie grâce à un test de fiabilité des sources. La version imprimable est disponible en ligne.

MINI-LIENS minilienrobert.com/1GT11

ÉTAPE 1 • REMPLISSEZ LE TABLEAU EN RÉPONDANT AUX QUESTIONS

	Nom de la source	**oui**	**non**
auteur ou autrice	L'auteur ou l'autrice est clairement identifié·e.		
	L'auteur ou l'autrice est reconnu·e par ses pairs comme étant compétent·e.		
	S'il ou elle n'est pas expert·e, il ou elle fait appel à des tiers qualifiés.		
	Il s'agit d'une organisation (institutions, médias, etc.) plutôt que d'une page personnelle (blogs, réseaux sociaux, etc.)		
	L'auteur ou l'autrice (ou l'organisation) fournit un contact ou des informations vous permettant de vérifier la nature de ses activités, son expertise, ses compétences, etc.		
	Vous n'avez pas de raison de penser que l'auteur ou l'autrice (ou l'organisation) ait un intérêt personnel par rapport aux informations fournies, ou de mauvaises intentions non exprimées.		
mise en forme	Si le sujet est en lien avec l'actualité, la page est encore actuelle, à jour.		
sources	La source d'information est primaire (elle ne rapporte pas des faits d'une autre source) ou cite précisément ses sources.		
	Vous pouvez vérifier l'information ailleurs : plusieurs autres sources (notamment des sources que vous avez déjà identifiées comme étant des sources de confiance) rapportent le même fait.		

ÉTAPE 2 • ANALYSEZ VOS RÉSULTATS

Vous obtenez une majorité de « oui » : vous pouvez faire confiance à la source. Vous obtenez une majorité de « non » : vous devez vous méfier de cette source.

➔ **Il n'existe pas de règle unique pour trancher sur la fiabilité d'une source. N'hésitez donc pas à adapter votre curseur. Plus l'information est importante, plus elle a d'enjeux, plus elle vous surprend… plus vous devez être exigeant : avoir beaucoup de « oui » pour faire confiance à la source.**

De nombreux journaux ont développé des outils pour identifier les sources dont il faut se méfier. Vous pouvez les consulter en ligne : « Décodex » (lemonde.fr), « Vrai ou Fake » (francetvinfo.fr), « Checknews » (liberation.fr), ou « Hoaxbuster » (hoaxbuster.com).

➔ **Remarque : sur Wikipédia, les auteurs ou autrices ne sont pas toujours clairement identifiés. N'hésitez pas à regarder l'onglet « Voir l'historique » pour prendre connaissance des modifications faites sur la page. Aussi, la plateforme indique les articles de qualité par un bandeau en haut de la page.**

Pour savoir si une source est encore à jour, vous pouvez essayer d'identifier la date de parution, une indication de mise à jour de la page Internet ou d'identifier si l'article fait référence à des éléments d'actualité. Si vous constatez que la source n'est pas à jour, demandez-vous si les informations qu'elle porte sont encore valides ou si elles ont été réfutées. Dans ce dernier cas, considérez la source comme obsolète.

Constituez-vous une pochette de documentation

Faites des fiches de lecture

Pour chaque source que vous allez consulter (y compris celles de votre revue de presse), pensez à prendre des notes dans une fiche de lecture. Afin de vous y retrouver plus facilement quand vous aurez de nombreuses sources, essayez de conserver la même présentation, telle celle présentée ci-dessous :

FICHE DE LECTURE	
Titre de la source :	
Titre de l'article :	
Auteur ou autrice :	
Date de parution :	
Type de source :	
Mots-clés :	
Résumé de la source :	
Informations retenues dans le cadre de l'étude :	

Un modèle est disponible en ligne. MINI-LIENS minilienrobert.com/1GT12

À chaque fois que vous avez fini une fiche de lecture, remplissez votre tableau de bord en fonction. → Constituez-vous un tableau de bord des sources, p. 97

La fiche « de lecture » n'est pas réservée uniquement aux sources qui « se lisent ». Vous pouvez l'utiliser pour tout type de documents (entretiens radiophoniques ou télévisés, films documentaires, entretiens que vous avez enregistrés vous-mêmes, etc.).

Conservez des extraits de vos sources

Pour les livres : recopiez les passages qui vous intéressent en notant bien les références (titre, auteur ou autrice, édition, numéro de page, traducteur ou traductrice pour des sources philosophiques ou littéraires, etc.).
Pour les articles disponibles en ligne : conservez le document au format PDF (imprimez-le si vous le souhaitez) et surlignez (sur ordinateur ou papier) les idées développées ainsi que les exemples intéressants que vous pourrez en tirer.
Pour les articles de journaux imprimés : découpez et conservez les articles en indiquant leur origine et leur date.
Pour les sources audiovisuelles : pour les podcasts ou entretiens que vous auriez pu enregistrer vous-mêmes, faites-en la retranscription (complète ou seulement des passages qui vous intéressent). Vous pouvez aussi, et il en va de même pour une vidéo, noter le minutage des passages qui vous intéressent, en précisant à côté les éléments que vous souhaitez retenir.
Pour les reproductions d'œuvres d'art : vous pouvez soit les imprimer, soit vous constituer un fichier sur ordinateur. Vous indiquerez bien les références de l'œuvre et le lieu de conservation actuel.

> N'hésitez pas à faire un résumé de vos sources. Cela vous aidera, quand le temps aura passé, à vous souvenir de ce que vous pouvez y trouver.
> Si vous avez des doutes sur les grandes idées qui se détachent d'une source, n'hésitez pas à solliciter votre professeur.

Si vous préférez travailler sur écran, vous pouvez utiliser l'ENT de votre lycée ou un mur virtuel comme un Padlet pour organiser vos éléments de recherche, les signets dans votre navigateur, ou encore dans un outil d'organisation des ressources comme Pearltrees si votre établissement en dispose.

Constituez-vous un tableau de bord des sources

Pour classer vos recherches par idées, et ainsi préparer le travail de rédaction, vous pouvez composer un tableau de bord, à mesure que votre recherche avance dans l'année. Il vous aidera à vous demander si vos recherches permettent de :
– trouver des idées solides pour répondre à votre question ;
– trouver des arguments fiables pour étayer vos idées ;
– trouver des exemples concrets pour illustrer vos arguments ;
– avoir une vue d'ensemble sur vos recherches ;
– répertorier vos sources de manière stricte et rigoureuse.

Pour chaque source que vous avez consultée et pour laquelle vous avez fait une fiche de lecture :

ÉTAPE 1 • NOTEZ LE NOM ET LE TYPE DE LA SOURCE

ÉTAPE 2 • PRÉCISEZ LES DIFFÉRENTES IDÉES QUE LA SOURCE APPORTE
Vous pouvez utiliser un code couleur pour différencier les idées des unes des autres. Votre travail sur la revue de presse vous aidera ici, puisque les exercices se ressemblent.

ÉTAPE 3 • AJOUTEZ TOUS LES COMMENTAIRES QUE VOUS JUGEREZ NÉCESSAIRES

ÉTAPE 4 • UNE FOIS QUE L'AVEZ SOUMISE AU TEST DE FIABILITÉ, INDIQUEZ LE NIVEAU OBTENU

ÉTAPE 5 • UNE FOIS LE TABLEAU REMPLI, COMPAREZ LES SOURCES LES UNES AUX AUTRES
Sélectionnez celles qui vous permettront d'avoir la meilleure argumentation.

Le niveau de fiabilité des sources (excellente, faible, mauvaise) vous aidera à sélectionner les documents les plus pertinents et les plus solides pour votre argumentation : conservez uniquement les sources qui ont la fiabilité la plus élevée. → Comment tester la fiabilité de vos sources ?, p. 93 Si vous n'avez aucune source dont la fiabilité est bonne, continuez vos recherches. À ce stade, il est conseillé de conserver au moins cinq sources par idée, qui viennent ainsi fournir dans l'idéal des arguments et des exemples complémentaires.

EXEMPLE DE TABLEAU DE BORD DES SOURCES					
Thème ou question	Notre identité est-elle toujours plurielle ?				
Titre de la source	**Type de la source**	**Idée(s) essentielle(s) apportée(s)**	**Commentaires**	**Fiabilité**	**À retenir ?**
Auto-portraits de Rembrandt	Wiki-média	Le temps qui passe transforme le corps mais aussi l'âme	Toutes les toiles sont référencées et la reproduction est de bonne qualité	Excellente	Oui
Photo-graphies de Cindy Sherman	Google images	Chacun·e d'entre nous est amené·e à se mettre en scène de différentes manières tout au long de sa vie	Les captures d'images ne sont pas toutes de qualité et ne sont pas toujours sourcées. On peut confondre certaines photos avec d'autres œuvres.	Faible	Non
Extrait de *L'inter-prétation* des rêves de Sigmund Freud	Blog	Notre identité s'exprime consciemment mais aussi à travers l'inconscient dans le rêve.	Attention au découpage du texte : s'il est tronqué, il peut manquer des informations essentielles. Dans le cas d'une traduction, attention aussi à sa fiabilité.	Mauvaise	Non
Etc.					

Vous pouvez faire ce tableau sur papier en imprimant le modèle ou en le reproduisant vous-même sur votre ordinateur.

MINI-LIENS minilienrobert.com/1GT13

Confrontez votre question aux résultats trouvés

Grâce au tableau de bord des sources, faites la liste des grandes idées qui ressortent de vos recherches. Vous allez ainsi repérer les idées fortes qui reviennent dans votre documentation.
Si vous préférez, vous pouvez aussi classer vos différentes fiches de lectures en tas, un tas pour chaque aspect traité par la question.

N'oubliez pas que le temps de présentation est court (5 minutes). Un des dangers est aussi de vouloir trop en dire, et de survoler des thèmes sans vraiment les aborder. Il va donc ensuite falloir couper. Cet exercice n'est pas le plus facile car il est difficile de renoncer à ce qui nous parait indispensable de dire. Toutefois, gardez bien en tête que si vous n'évoquez pas tous les éléments trouvés dans vos recherches durant le premier temps de votre oral, vous pourrez toujours vous en servir lors du deuxième temps pour apporter de nouveaux éléments à votre réflexion.

Vous devez réussir à choisir deux ou trois grandes idées que vous allez défendre et surtout développer. Ces idées vous viendront progressivement, à mesure que vous ferez vos recherches. Elles vous aideront ensuite à structurer votre réflexion.
Encore une fois, si vous hésitez entre plusieurs idées, demandez conseil à vos professeur·es de spécialités.

PRÉPARER LE 1er TEMPS

2. Construisez et écrivez votre discours

Vous avez terminé vos recherches, extrait plusieurs idées fortes pour bâtir une présentation satisfaisante de votre question. Il vous faut maintenant les organiser en une argumentation solide que vous devrez maîtriser sur le bout des doigts le jour J pour la présentation de votre question.

CONSTRUISEZ VOTRE DISCOURS

CE QUE DIT LE PROGRAMME
« Le candidat explique pourquoi il a choisi de préparer cette question pendant sa formation, puis il la développe et y répond. »

➔ **Votre présentation doit durer 5 minutes. C'est court. Dans ce temps imparti, vous devez, selon les attentes du programme :**
– Expliquer pourquoi vous avez choisi cette question : c'est ce que vous ferez dans votre introduction.

– Développer votre question : ce sera le corps de votre présentation, l'argumentation.
– Répondre à votre question : vous résumerez ce que vous avez démontré dans une courte conclusion qui permettra de faire le lien avec les temps suivants d'entretien avec le jury.

Voici quelques conseils pour bien réussir votre introduction, votre conclusion et pour réfléchir à la construction de votre raisonnement.

L'introduction

L'introduction, c'est le passage obligé, quel que soit le plan que vous choisirez. C'est votre entrée dans la présentation, vous devez particulièrement la soigner. Elle représente 15 % du discours (soit 45 secondes dans le cas de votre Grand Oral) et est composée idéalement de trois temps : un exorde, une énonciation et, éventuellement, un sommaire.

L'exorde

L'exorde, c'est la mise en bouche, les premiers mots prononcés. Il doit envoyer un signal d'écoute à votre jury. On distingue plusieurs types d'exordes :
– **Simple :** si vous n'avez pas d'idée, ou si vous préférez jouer la carte de la sobriété, vous pouvez le jour du Grand Oral, vous présenter et expliquer très simplement pourquoi vous avez choisi cette question. Vous passerez ainsi très rapidement au deuxième temps de l'introduction : l'énonciation.

EXEMPLE
« Bonjour, je m'appelle Camille et pour ce Grand Oral, j'ai choisi de vous parler de... »

– **Coup de poing :** dans le fond et dans la forme, cet exorde surprend. Il peut montrer un engagement de votre part.

EXEMPLE
« Nous sommes dans l'urgence. L'urgence de notre époque, l'urgence des générations futures... Madame, Monsieur, je vais bien sûr vous parler de l'urgence climatique ! »

Cet exorde n'est pas adapté aux spécialités scientifiques car il s'appuie sur une opinion, alors que les sciences tendent à être factuelles. Dans le cas d'un sujet appuyé sur des spécialités scientifiques, votre opinion sur un point d'actualité pourra être sollicitée par le jury dans le deuxième temps mais n'est pas à soumettre de façon spontanée car cela donnerait l'impression d'un biais dans le traitement du sujet.
Cela dépendra des questions. Ainsi pour des questions telles que « Comment la protection sociale participe-t-elle à les gestions des risques » ou « Comment expliquer les crises financières », ce type d'exorde ne serait pas adapté, mais il pourrait convenir à des questions comme « Pour ou contre la discrimination positive ? » ou « Faut-il protéger l'agriculture de la concurrence mondiale ? ».

L'énonciation

Elle consiste à expliquer de façon très claire la question que vous allez traiter et pourquoi vous l'avez choisie. *A priori*, c'est simple, mais c'est primordial. Si vous bâclez cette étape, le jury risque de perdre très rapidement le fil de votre présentation.

EXEMPLE
« En cours / en étudiant tel ou tel sujet / en entendant parler de telle chose dans l'actualité, j'ai constaté que...
Cela m'a intéressé·e car cela faisait écho à mon orientation / ma situation personnelle / ma passion / un questionnement que j'avais eu...
C'est pourquoi je suis ravi·e de vous présenter ma question qui est... »

Le sommaire

C'est le menu de votre présentation. Vous allez exposer de manière « appétissante » et très brève les idées que vous allez développer dans votre raisonnement pour donner envie à vos interlocuteurs et interlocutrices de vous écouter.

Si vous manquez de temps, sautez cette étape pour rentrer directement dans le cœur de votre discours. Annoncez alors vos idées au fur et à mesure de votre présentation.

EXEMPLE

Pour la question « Est-il si difficile de mesurer les discriminations », vous pourriez ainsi dire : « Je montrerai d'abord pourquoi il est en effet difficile de mesurer les discriminations avant d'expliquer que l'on peut les mesurer, à condition d'être financé•e par les pouvoirs publics. »

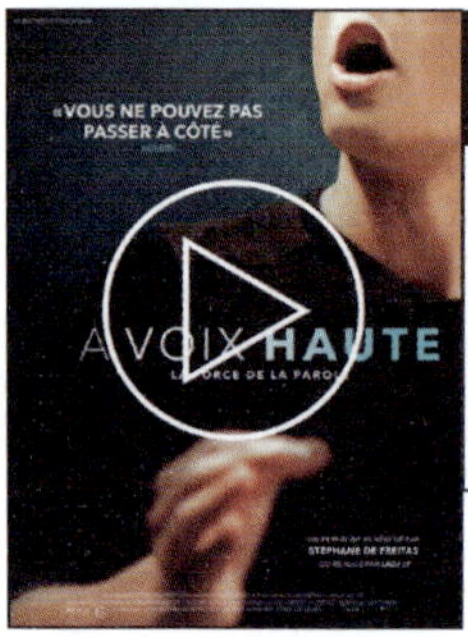

Le mot qui change tout 01:18:00

Eddy : « Mon introduction, je l'ai modifiée au moins cinq fois. Mon père m'a aidé, il m'a dit, "il te manque un seul mot pour que ce soit parfait", et là, ça a vachement plus de gueule ! C'est la petite touche qui fait qu'on se dit : "Ouais !" »

La conclusion

La conclusion représente environ 15 % du discours. Soit 45 secondes dans le cas de votre Grand Oral.

Pour amorcer votre conclusion, faites d'abord une synthèse de votre propos. Rappelez en une phrase l'articulation entre vos idées principales

et concluez en réaffirmant votre opinion, en lançant des pistes de réflexion, en nuançant votre argumentation.
Soignez bien la dernière phrase. C'est votre dernier atout, profitez de ce moment. Ces derniers mots doivent résonner aux oreilles de votre jury.

En fonction de votre question, vous pouvez :
– **Marquer l'auditoire :** c'est la phrase coup de poing. Elle peut être le miroir de votre exorde, si vous avez utilisé ce registre.
Comme pour l'exorde « Coup de poing », ce type de conclusion n'est pas conseillé dans les spécialités scientifiques car trop peu factuel.

EXEMPLE
« Nous sommes dans l'urgence. L'urgence de notre époque, l'urgence des générations futures… »

– **Faire une ouverture :** proposez une piste d'approfondissement, posez une ou plusieurs nouvelles questions, liées à un autre angle de votre sujet ou à l'un de ses échos dans l'actualité par exemple.

EXEMPLE
Pour la question « Comment partager des biens culturels ? » en NSI, vous pourriez ainsi conclure : « Au fil de l'année de nombreuses interrogations ont surgi au sujet de la gratuité ou non du service, de la gestion des emprunteurs et emprunteuses indélicat·es, des limites géographiques à poser, de la conformité de notre réalisation au RGPD. »

Dans le cadre du Grand Oral, votre conclusion doit aussi vous permettre de faire le lien avec le temps suivant : l'échange avec le jury. Essayez donc d'inclure une ou deux questions ouvertes.

En SVT, ne posez pas de nouvelle question mais évoquez plutôt des pistes de réflexion ou des angles de vue supplémentaires.

L'idée est que le jury saisisse ces questions pour commencer la discussion. Vous aurez préparé les réponses à l'avance et vous entrerez alors en toute confiance dans le deuxième temps de l'épreuve. Aussi, n'oubliez pas la référence à votre projet professionnel.

→ Préparer le 3e temps : Comment mettre en avant vos aspirations personnelles et professionnelles ?, p. 132

« Le meilleur est-il à venir ? » 01:21:00

Regardez les prestations d'Eddy et de Souleïla, lors de la finale Eloquentia, sur le thème « Le meilleur est-il à venir ? ». Examinez la façon dont il et elle construisent leur propos, comment leurs idées s'enchaînent, comment il et elle débutent, terminent leur discours, s'adressent au jury.

Les différents types de plan

Dans tous les plans, vous trouverez une introduction et une conclusion. Ce qui va changer, c'est le cœur de votre plan, la manière dont vous allez choisir d'organiser et de présenter vos idées.

Il n'y a pas de règles à apprendre, les possibilités sont nombreuses et dépendent de vos recherches comme des raisonnements qu'attendent vos spécialités : il est donc préférable de développer et d'organiser vos idées au fur et à mesure de vos recherches et de votre réflexion.

→ Faites le point sur vos sources, p. 93

Ainsi, votre plan va se dessiner progressivement.
Attention, suivant vos spécialités, certains types de plans seront plus appropriés que d'autres. Si vous hésitez, vos professeur·es vous aideront à trouver le plan le mieux adapté à votre question et à son traitement.

À titre indicatif, voici quelques types de plan (dans l'ordre alphabétique). Vous trouverez des exemples appliqués aux spécialités en Partie 3.
→ Des exemples par spécialité, p. 192

Le plan à structure « classique »

Un petit peu d'histoire : le plan à structure « classique » nous vient des orateurs grecs, les fondateurs de la rhétorique. De nombreuses prises de parole en public sont construites à partir de ce modèle qui s'adapte en fonction des sujets abordés.

Dans cette structure « classique », l'étape de l'argumentation est divisée en trois temps : la narration, la confirmation, la réfutation :
– **La narration :** juste après l'introduction, c'est l'exposition du contexte et des raisons pour lesquelles l'orateur ou l'oratrice traite la question. Elle permet de dégager brièvement les enjeux de ce que l'on s'apprête à expliquer.
– **La confirmation :** c'est le cœur du discours, c'est là que l'orateur ou l'oratrice déroule ses deux ou trois grandes idées, chacune étayée par deux ou trois arguments qui vont donner au discours sa pertinence et sa singularité. Les arguments doivent eux-mêmes être illustrés par des exemples, une illustration ou une explication.
– **La réfutation :** c'est le moment où l'orateur ou l'oratrice anticipe les objections qu'un interlocuteur ou qu'une interlocutrice pourrait formuler. Il ou elle verbalise les idées reçues pour mieux les contrer.

MINI-LIENS minilienrobert.com/1GT15

Dans votre Grand Oral, comme vous ne disposez que de 5 minutes, vous n'aurez peut-être pas le temps d'insérer cette dernière étape. Mais vous pourrez en discuter avec le jury lors du deuxième temps.

Dans un discours à structure classique, on appelle la conclusion « la péroraison ». Elle permet de réaffirmer ce que vous avez défendu, de marquer les esprits de vos interlocuteurs et interlocutrices juste avant de clore votre prise de parole.

Si possible, les arguments doivent aller *crescendo* : partez du plus général, du plus connu pour aller vers l'argument le plus fort et convaincant à vos yeux, celui qui vous amène le plus naturellement vers la conclusion de votre exposé.

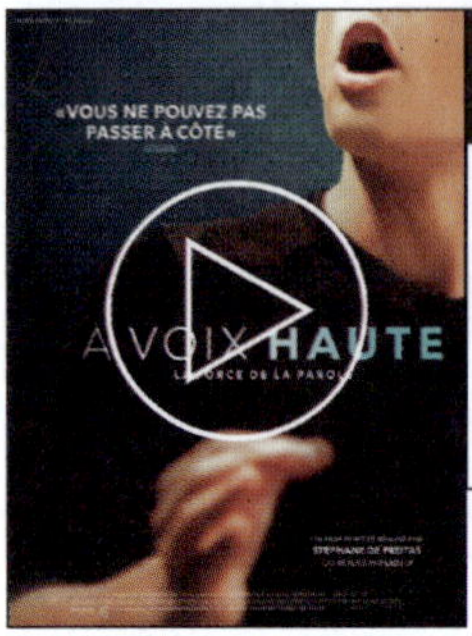

La force des arguments 00:27:00

Bertrand Périer organise un débat pour / contre avec deux étudiants d'Eloquentia sur la réouverture des maisons closes.
Dans cet extrait, Bertrand reprend Franck parce que ses arguments sont trop faibles.

EXEMPLE

Question : Comme faire apprendre un robot ?

Introduction

Argumentation :

Partie 1. Le dispositif expérimental

Partie 2. Le principe des apprentissages

Partie 3. Les phases d'apprentissage

Conclusion

Le plan analytique

Aussi connu en tant que plan « problème – cause – conséquence / solution », il consiste à :
– Partie 1 : exposer le problème central de la réflexion tout en justifiant pourquoi il est abordé. Démontrer avec des exemples que le problème posé par la question est avéré et important.
– Partie 2 : remonter aux différentes causes de ce problème et les expliquer.
– Partie 3 : évoquer les conséquences de ce problème / élaborer une ou des solutions qui pourraient résoudre ce problème.

Comme son nom l'indique, le plan analytique permet d'analyser une situation, ses causes et ses conséquences ou ses solutions (qu'elles soient avérées ou potentielles). Ce type de plan est très pratique pour aborder les grandes questions qui peuvent animer une société.

> Cette construction permet d'accrocher l'auditoire en provoquant chez lui une inquiétude ou une curiosité qui lui donne envie d'en savoir plus.

EXEMPLE

Question : Quelles sont les conséquences de l'augmentation de fréquence des événements climatiques comme El Niño ?

Partie 1. Mettre en évidence cette augmentation de fréquence au cours du temps (problème)

Partie 2. Démontrer les causes de cette augmentation de fréquence (cause)

Partie 3. Démontrer les conséquences et impacts sur les habitants, sur l'écosystème (conséquences / solutions)

Le plan CBS

Il existe des variantes du plan analytique, comme celle du plan « constat – besoin – solution ». Souvent utilisée dans les discours politiques ou par les entrepreneurs et entrepreneuses, cette variante est aussi très utile pour les projets techniques et les études scientifiques. Elle permet de présenter une solution pour pallier ou répondre à un besoin.

EXEMPLE

Question : Les ruches connectées vont-elles sauver les abeilles ?

Partie 1. Les colonies d'abeilles mellifères d'Europe sont menacées et vont disparaître si nous ne réagissons pas (constat)

Partie 2. Observer l'activité au sein des ruchers grâce à des capteurs électroniques pour comprendre comment les protéger (besoin)

Partie 3. L'installation d'une ruche connectée (solution)

Le plan chronologique

Il permet d'étudier l'évolution dans le temps d'une même question et consiste ainsi à exprimer plusieurs temporalités :
– Partie 1 : temporalité 1.
– Partie 2 : temporalité 2.
– Partie 3 : temporalité 3.

C'est le plan idéal lorsque le discours porte sur des faits historiques ou que l'on souhaite étudier une question qui s'étend dans le temps.
Ce type de plan peut donc se révéler très utile pour interroger une question sur le temps long.

EXEMPLE
Question : Pourquoi la question de la mémoire du génocide des Juifs est-elle au cœur des enjeux de la société française actuelle ?
Partie 1. Le rejet des Juifs en France : une histoire ancienne
Partie 2. La mémoire du génocide juif s'est affirmée depuis les années 1970
Partie 3. Une question toujours sensible

Le plan comparatif

Le plan comparatif permet de confronter différents éléments (personnes, événements, idées, points de vue, œuvres, etc.). Il peut être organisé de différentes façons.

Vous pouvez choisir par exemple de :
– Partie 1 : mettre en avant ce que partagent les éléments comparés.
– Partie 2 : mettre en avant ce qui oppose les éléments comparés.
– Partie 3 : proposer un bilan pour extraire un point de vue final.

Vous pouvez aussi choisir de mener votre réflexion ainsi :
– Partie 1 : développer les caractéristiques de l'élément A.
– Partie 2 : développer les caractéristiques de l'élément B.
– Partie 3 : proposer un bilan pour extraire un point de vue final.

Dans ce cas, il faut bien garder en tête que les caractéristiques étudiées dans les parties 1 et 2 doivent toujours tendre vers l'examen des ressemblances et différences entre les deux éléments A et B.
Pour les deux types de construction, vous pouvez aussi préférer ne pas faire de partie 3. Vous devez alors proposer des bilans après chacune des parties. Ces bilans permettront d'extraire un point de vue final clair.

➔ **Ce type de plan est très utile quand la question étudiée met en avant un élément essentiel qui demande la comparaison. Il est préférable de ne pas y avoir recours quand la question n'appelle pas à comparer.**

EXEMPLE

Question : Pour connaître le monde, vaut-il mieux le décrire ou l'imaginer ?

Partie 1. Décrire le monde est la garantie d'une connaissance organisée des choses

Partie 2. Mais l'imaginer permet d'en dessiner les possibles et de les anticiper

Partie 3. Une troisième manière de connaître le monde est de se le figurer, c'est-à-dire d'en faire le portrait qui mêle informations objectives et imaginaire

Le plan descriptif

Il permet de décrire un objet, un fait ou un phénomène (sociologique ou scientifique) *via* différents aspects. Ces aspects peuvent être complémentaires les uns des autres et éventuellement permettre d'observer cet objet, ce fait, ce phénomène sous le prisme de différentes échelles (de taille, géographiques, etc.).

Vous pouvez donc faire :
– Partie 1 : description à grande échelle.
– Partie 2 : description à moyenne échelle.
– Partie 3 : description à petite échelle.
OU
– Partie 1 : description du fonctionnement de l'objet / du fait / du phénomène.
– Partie 2 : description de sa mise en place.
– Partie 3 : description de l'évolution, de la réaction ou des conséquences sur l'objet / le fait / le phénomène.

EXEMPLE

Question : Comment interagissent les êtres vivants au sein d'un écosystème ?

Partie 1. La diversité des interactions biotiques
Partie 2. La mise en place des interactions biotiques
Partie 3. Les variations et régulations des interactions biotiques

Le plan dialectique

Aussi connu que le plan « thèse – antithèse – synthèse », il consiste à :
– Partie 1 : avancer la thèse, c'est-à-dire la première réponse apportée à la question, le point de vue initial.
– Partie 2 : lui opposer des contradictions apparentes.
– Partie 3 : tenter d'apporter une réflexion plus nuancée ou un dépassement des contradictions vues précédemment.

Ce type de plan permet de construire une réflexion non manichéenne. Il est pratique et peut convenir à de nombreuses questions. Mais il peut aussi être très difficile à mener efficacement de bout en bout quand il est mal compris.

En effet, l'appellation « thèse – antithèse – synthèse » porte souvent à confusion et entraîne de mauvaises applications de ce plan. Elle en minimise la subtilité. Voici deux erreurs fréquentes :
– Juxtaposer de façon rudimentaire deux idées opposées.
– Proposer une synthèse sans consistance.

Ce qu'il faut faire pour réussir :
– Partie 2 : évitez de prendre le contre-pied direct de votre idée initiale mais tentez d'y apporter des limitations et des arguments contradictoires. Vous ne devez pas réfuter l'idée développée en partie 1.
– Partie 3 : posez un nouveau problème pour sortir de cette contradiction. Vous pouvez ainsi établir une vérité plus nuancée (attention toutefois, ce type de synthèse donne souvent lieu à une dernière partie plutôt plate), dépasser la contradiction initiale (en tentant de lui donner une explication ou d'amorcer une solution) ou encore montrer que la contradiction n'est qu'apparente.
Ainsi, l'appellation « Oui… – Certes… – Mais… » serait plus à même de dire en quoi consiste le plan dialectique. En ayant cette nomenclature en tête, vous garderez à l'esprit les subtilités que comporte ce type de réflexion.

Vous l'aurez compris, faire une synthèse efficace peut se révéler un exercice très difficile. Parfois, il est préférable de proposer une réflexion en deux parties suivies d'une conclusion assez développée. Cela vous évitera d'avoir une troisième partie qui délaye la conclusion par anticipation et manque de matière.

EXEMPLE

Question : Les lanceurs d'alerte sont-ils des traîtres ou des héros de la démocratie ?

Partie 1. Les lanceurs d'alerte trahissent la démocratie
Partie 2. Les lanceurs d'alerte sont des héros de la démocratie
Partie 3. Les lanceurs d'alerte révèlent les limites de la démocratie

Le plan thématique

Il permet d'étudier différents aspects d'une même question :
– Partie 1 : aspect possible 1.
– Partie 2 : aspect possible 2.
– Partie 3 : aspect possible 3.

Pour donner du poids à votre argumentation, il est conseillé d'organiser vos réponses possibles de la plus évidente à la plus subtile.

Ce type de plan est très pratique pour répondre aux questions non ouvertes. Ici, il ne s'agit pas de confronter différents points de vue.
Au contraire, il faut tenter de confirmer et soutenir la thèse présente dans la question.

Ce type de plan peut donc se révéler très utile pour interroger la définition d'une notion, les caractéristiques d'un fait, les conséquences d'un événement, etc. Il permet d'explorer différentes facettes d'une question.

EXEMPLE
Question : Les barycentres sont-ils utiles en géométrie ?
Partie 1. Ils servent à démontrer que des droites sont concourantes
Partie 2. Ils servent à trouver un ensemble de points vérifiant une égalité de longueurs
Partie 3. Ils servent à trouver un ensemble de points vérifiant une condition sur les carrés de longueurs

Attention, cette liste de plans n'est pas exhaustive ! Il existe de multiples façons de traiter votre question et de nombreux types de plan (par échelle, chronologique, descriptif, etc.). Avant d'arrêter votre choix, n'oubliez pas que c'est d'abord votre question, son analyse, vos recherches et vos idées qui doivent vous conduire à déterminer votre plan. Puis validez votre choix de plan avec vos professeur·es.

Les arguments

Chacune des idées de votre réflexion doit être appuyée par un ou plusieurs arguments. Il existe des arguments de types différents, comme :
– **L'argument de droit / juridique :** c'est un argument qui s'appuie sur une loi, une réglementation, un article de la Constitution, etc. Il s'applique donc à l'ensemble des citoyen·nes, ce qui en fait naturellement un argument d'autorité.

EXEMPLE
D'après l'article 1 de la Constitution du 4 octobre 1958, la France assure l'égalité devant la loi de tous les citoyen·nes sans distinction d'origine, de race ou de religion.

– **L'argument de logique :** on l'utilise quand on veut faire appel au bon sens, à la logique cartésienne, à la rationalité de l'auditoire.
Cet argument est souvent très convaincant car, par définition, il est compliqué de contrer un argument logique.

EXEMPLE
Si un individu emprunte de l'argent à un autre mais qu'il n'a aucune source de revenus, il ne pourra pas le rembourser. Il aura contracté une dette.

– **L'argument scientifique :** c'est l'argument qui utilise le résultat d'une étude ou d'une expérience scientifique. Il est puissant, car la plupart des temps, il s'appuie sur des tests, des données chiffrées (à condition, évidemment, de bien vérifier leur source).

EXEMPLE
Dans le rapport du GIEC, rendu en septembre 2019, on apprend que si les émissions de gaz à effet de serre continuent d'augmenter, la montée des eaux pourrait passer de 60 centimètres à 1,10 mètre à la fin du siècle.

– **L'argument économique / financier :** c'est l'argument qui s'appuie sur les rouages d'une logique économique pour démontrer quelque chose. Il peut éventuellement avoir recours à de grandes lois, comme les principes keynésiens ou du marxisme économique.

EXEMPLE
En optant pour le vélo électrique plutôt que la voiture pour faire chaque jour les 20 kilomètres qui le séparent de son travail, non seulement, le cycliste est plus en forme et il n'émet pas de CO_2, mais il réalise aussi des économies conséquentes : il ne dépense plus qu'une vingtaine d'euros par mois pour les recharges et l'entretien de son vélo, soit trois fois moins que pour sa consommation d'essence.

– **L'argument de fait :** c'est « la tendance », ce que chacun semble observer autour de soi ou à travers les médias. Cet argument peut être contré si cette tendance est artificielle ou s'appuie sur des chiffres erronés.

EXEMPLE
Depuis le confinement, les usages ont changé. La majorité des salarié·es français·es réclament désormais un recours plus fréquent et facile au télétravail.

L'argument philosophique : si cet argument est un peu moins puissant que l'argument logique ou de droit, il est convaincant car il convoque la morale.

> **EXEMPLE**
> Pour certain·es, les plus riches doivent payer pour les plus pauvres. Dans ce sens, il faut rétablir l'impôt sur la fortune, au nom d'une redistribution équitable des richesses. Pour d'autres, il faut le bannir pour éviter que ces grandes fortunes ne quittent le pays et le privent de leurs ressources.

– **L'argument politique :** c'est l'argument qui relève de l'intérêt général, de la vie du collectif. Il ne s'agit pas d'un argument de logique mais d'une interprétation, d'une certaine vision d'une situation. Il est moins convaincant car il peut être instrumentalisé par la personne qui l'utilise.

> **EXEMPLE**
> Si la vente par Internet n'est pas régulée, elle entraînera la destruction de milliers d'emplois dans le pays.

Il existe d'autres types d'arguments, mais ceux-là sont les principaux.

➔ **Remarque : La pertinence des types d'arguments choisis variera en fonction de votre question. Lorsque c'est possible et pertinent, essayez pour chaque idée de varier les types d'arguments utilisés. Toutefois, ne forcez pas cette variété : selon l'idée, des arguments de même type peuvent être bien plus pertinents que des arguments de types différents moins percutants.**

Les exemples , illustrations, explications

Après avoir formulé votre argument, illustrez-le dans la foulée avec un exemple. Les exemples viennent apporter de la matière à votre argumentation. Ils servent à appuyer vos idées, à justifier ce que vous avancez et à montrer que votre réflexion est rigoureuse.
Ils permettent aussi à votre auditoire, en l'occurrence le jury, d'avoir une illustration concrète d'idées abstraites. Les exemples peuvent ainsi faciliter la compréhension de votre propos et rendre limpide une réflexion qui serait autrement difficile à saisir.
Les exemples peuvent être objectifs (faits, chiffres, citations, œuvres tirés de vos sources) ou personnels (comme des anecdotes). À défaut d'avoir un exemple ou une illustration, vous pouvez prendre le temps d'expliquer vos idées et vos arguments.

> Dans le cadre du Grand Oral, privilégiez les exemples objectifs pour le premier temps de l'épreuve. Vous les puiserez dans les recherches que vous avez menées en amont. Ils sont l'occasion de montrer que vous avez travaillé sérieusement sur votre question, que vous avez trouvé des informations pertinentes, convaincantes, voire originales. Pensez à citer précisément toutes les sources.
> On n'attend pas de vous que vous citiez la référence bibliographique à la virgule près ! Mais plutôt que vous expliquiez qui est l'auteur ou l'autrice, dans quel cadre la source a été publiée, quelle année.
> Gardez les exemples personnels pour le troisième temps.

➔ **Pour convaincre votre auditoire, vous devez être vous-même convaincu·e. Alors ne transigez pas : si un argument, un exemple ou une transition vous semblent faible, peu efficace, abandonnez-le.**

Attention, en sciences, le processus n'est pas le même :
On ne présente pas des arguments que l'on illustre d'exemples pour appuyer le propos. En effet, en sciences, les exemples ne sont pas illustratifs. On observe, on décrit *via* des exemples, puis on en déduit des arguments.

RÉDIGEZ VOTRE DISCOURS

Quand vous prenez la parole en public, soit vous improvisez, soit vous prononcez un discours qui a été préparé, avec ou sans notes. Dans le premier cas, vous n'avez pas le temps de passer par l'écrit, mais dans le second cas, c'est une étape indispensable.

Pour une prise de parole préparée, il faut un temps :
– d'introspection pour savoir ce que vous voulez dire ;
– puis de structuration pour savoir comment vous allez le dire ;
– et enfin de verbalisation, pour le dire de façon vivante à l'oral.
Le temps de structuration passe par une phase de rédaction, qui vous permet d'organiser vos idées et votre réflexion. La rédaction est un passage nécessaire, qui, même si vos idées vous semblent claires, vous assure que vos arguments sont solides et vous aide à identifier et soigner les moments de transitions, pour affiner vos phrases d'introduction et de conclusion.

Rédiger, ce n'est pas perdre du temps, c'est un investissement. Cette étape vous donnera confiance en vous et vous aidera, non seulement à mémoriser votre réflexion, mais aussi à vous l'approprier.

Dès que vous avez rédigé une phrase, dites-la à voix haute pour voir comment « elle sonne ». Elle doit vous correspondre. Les mots que vous avez utilisés et la tournure de votre phrase doivent vous sembler les plus adaptés pour exprimer votre pensée. Au fur et à mesure de son élaboration, vous allez mettre votre texte en bouche sans même vous en rendre compte.
Mais vous ne devez pas réciter par cœur ce texte le jour de l'oral.
Une fois votre discours rédigé et bien maîtrisé, vous le résumerez sous forme de notes. Ce sont ces notes que vous utiliserez pour répéter, et pour trouver votre façon de dire votre texte.
→ Entraînez-vous à l'oral, p. 146

Dans le cas du Grand Oral, il ne s'agit pas d'une improvisation, mais bien d'un texte qui aura été préparé en amont. À vos stylos, donc !

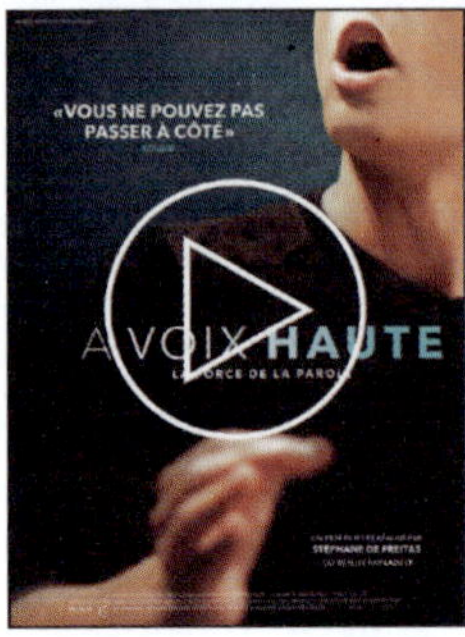

Il faut être convaincant·e 01:17:58

Eddy : « Tu as 8 minutes, Eddy, en 8 minutes, il faut que tu sois convaincant, il faut que tu sois drôle et il faut que tu fasses quelque chose que tu aimes. »

Cette étape de rédaction vaut pour le Grand Oral mais aussi pour bien d'autres moments de votre vie personnelle et professionnelle pour lesquels vous n'aurez pas de notes le jour J : lors d'un entretien d'embauche pour un emploi étudiant ou, plus tard, à la banque quand vous demanderez un prêt, lors d'un entretien annuel avec votre supérieur·e hiérarchique, etc.

Quel pronom utiliser ?
Dans le premier temps de votre oral, utiliser le « nous » vous permet d'adopter une posture neutre. Vous vous exprimez de manière générale, en tant qu'observateur d'une situation, et non de manière personnelle.
Cela montre que vous n'êtes pas là pour donner votre propre opinion, mais bien pour traiter objectivement la question choisie. En utilisant le « nous », vous englobez aussi le jury, qui se sentira d'autant plus concerné par la question que vous abordez.
Vous aurez recours au « je » dans le troisième temps, puisque dans cette partie, vous allez parler de votre parcours et de votre projet professionnel.

PRÉPARER LE 1er TEMPS

3. Concevez votre support écrit

À QUOI SERT LE SUPPORT ÉCRIT ?

Le support écrit est non obligatoire et ne sera pas évalué. Mais ce que vous inscrivez sur ce support est fortement susceptible d'être repris et discuté avec le jury dans le deuxième temps.
Le jour du Grand Oral, vous pourrez élaborer ce support pendant vos 20 minutes de préparation.

Préparer ce support peut vous permettre d'éclaircir vos idées et de vous recentrer sur la question présentée (en mettant de côté l'autre question préparée).
Attention : ce support n'est pas l'équivalent d'un éventuel brouillon qui pourrait aussi avoir la même fonction. En effet, ce support peut aussi montrer au jury que la question est maîtrisée, c'est-à-dire que vous y avez réfléchi en profondeur. De la même façon que dans une dissertation ou dans la rédaction préparatoire du texte de votre oral, tout est cadré (le plan, les idées, les arguments, les exemples, etc.).

Un support écrit bien choisi démontre au jury la rigueur de votre préparation et peut être un très bon atout. Réfléchissez-y tout au long de l'année, à mesure que vous élaborez votre Grand Oral.

> Vous ne pourrez pas arriver avec ce support le jour de l'examen, mais vous pourrez le reproduire à l'attention du jury pendant les 20 minutes de préparation. Attention toutefois à ne pas perdre trop de temps dans cette reproduction, vous devez aussi garder du temps pendant les 20 minutes pour remettre vos idées en ordre avant le passage à l'oral.
> → Optimisez les 20 minutes de préparation, p. 186

QUE PEUT-ON FAIRE FIGURER SUR LE SUPPORT ÉCRIT ?

Plusieurs options de support s'offrent à vous. Certaines options reprennent les mêmes éléments, d'autres sont complémentaires. Il est possible de les combiner.
Vous pouvez ainsi présenter un plan détaillé et une citation, ou une liste des notions importantes et un schéma (mais pas un plan détaillé et votre fiche de mots qui donnent les mêmes informations).

Les combinaisons sont infinies :
– Le **titre de la question**
– **La fiche de mots :** elle donne connaissance de votre question et de la manière dont vous l'avez abordée ; elle peut servir de guide au jury pendant votre prise de parole. Cette fiche de mots, vous l'aurez préparée quand aurez appris à oraliser votre discours.
→ Apprenez à oraliser votre discours : la fiche de mots, p. 148
– **Les notions importantes :** à connaître par cœur car le jury pourrait vous en demander la définition lors du deuxième temps.
– **Les mots-clés :** montrer ainsi que vous maîtrisez un vocabulaire spécifique.
– **Les données importantes :** elles permettent de montrer la précision de vos connaissances.

– **Les dates clés :** en les indiquant, vous donnez des repères que vous jugez essentiels pour votre question. Cela montre votre compréhension précise de celle-ci et la prise en compte des évolutions dans le temps de la question.
– **Les personnages ou personnes :** vous pouvez citer les personnages ou personnes importantes de votre question. Dans ce cas, il faudra bien avoir en tête leur biographie et les actualités récentes qui pourraient les concerner s'ils sont toujours vivants. Le jury pourrait vous poser des questions à leur sujet lors du deuxième temps.
– Le **plan détaillé :** il peut vous permettre de matérialiser la distinction entre les idées, les arguments et les exemples. Plusieurs options de présentation du plan sont possibles :

EXEMPLE

• Présentation linéaire

Partie 1. Idée
    Argument(s)
        Exemple(s) / Explication(s)
Partie 2. Idée
    Argument(s)
        Exemple(s) / Explication(s)

• Présentation schématique

Idée → Argument(s) → Exemple(s) / Explication(s)
Idée → Argument(s) → Exemple(s) / Explication(s)

• Présentation tableau

Idée	Idée	Idée
Argument Exemple(s) / Explication(s)	Argument Exemple(s) / Explication(s)	Argument Exemple(s) / Explication(s)

– **Une citation, un graphique, un schéma :** le jury pourra vous demander de les approfondir et de les détailler davantage. Ce peut être un bon support pour votre premier temps et un moyen de lancer la discussion du deuxième temps.

EXEMPLE
En SVT, vous pourriez évoquer la mitose en quatre étapes et présenter un schéma de ces étapes en guise de support.

– **Une référence à une œuvre d'art :** vous ne pourrez pas arriver avec une reproduction de l'œuvre en question le jour de l'oral ni, de toute évidence, tenter de la reproduire vous-même lors des 20 minutes de préparation. Toutefois, vous pouvez indiquer le nom, l'auteur ou l'autrice, la date, et le mouvement le cas échéant, de cette œuvre.
– **Les sources :** vous pouvez par exemple indiquer un ouvrage sur lequel vous vous seriez appuyé·e lors de vos recherches. Cela peut être un moyen de montrer les différentes théories auxquelles vous vous êtes intéressé·e et de faire ressortir la diversité de vos sources. Le jury pourrait être tenté de vous poser des questions sur le contenu de ces sources.

La fiche de mots comme le plan détaillé pourront indiquer au jury où vous en êtes dans votre réflexion. Ainsi, il pourra vous aider à retrouver le fil ou vous relancer s'il sent que vous êtes un peu perdu·e ou si vous avez un trou de mémoire.

EXEMPLE
- En Physique-Chimie ou en SVT, vous pourrez présenter le schéma d'une expérience, une formule importante, les principales étapes d'une démonstration, une carte mentale avec les idées, etc.
- En HGGSP, le support peut être une fiche mémo (notions, mots-clés, dates clés, chiffres clés), un plan détaillé représenté de manière linéaire ou sous la forme d'une carte mentale, une ou plusieurs citations bien référencée(s), un schéma (la représentation d'une frontière au niveau de l'échelle nationale, entre deux pays, par exemple la frontière franco-allemande, ou internationale, entre plusieurs pays, par exemple la mer de Chine, etc).

- En SES, il peut s'agir de la reproduction (partielle ou complète) d'un document avec les chiffres et la source correspondants, un graphique, un schéma d'implication correspondant à un mécanisme expliqué, etc.

→ Des exemples par spécialité, p. 192

PRÉPARER LE 2e TEMPS

L'échange avec le jury

CE QUE DIT LE PROGRAMME

« Le jury interroge ensuite le candidat pour l'amener à préciser et à approfondir sa pensée. Il peut interroger le candidat sur toute partie du programme du cycle terminal de ses enseignements de spécialité et évaluer ainsi la solidité des connaissances et les capacités argumentatives du candidat. »

Le deuxième temps dure 10 minutes. C'est un moment d'échange avec le jury. Celui-ci va vous interroger sur vos cours et vous inviter à mobiliser vos connaissances lors de la discussion.

Le jury peut donc vous demander de préciser un point de votre prise de parole, par exemple. Il peut aussi choisir de vous poser des questions sur le programme de spécialité liées, ou non, à votre question.

➔ D'après la grille d'évaluation, les compétences attendues pour ce deuxième temps sont les suivantes :
– « Connaissances maîtrisées, les réponses aux questions du jury témoignent d'une capacité à mobiliser ces connaissances à bon escient et à les exposer clairement. »
– « S'engage dans sa parole, réagit de façon pertinente. Prend l'initiative dans l'échange. Exploite judicieusement les éléments fournis par la situation d'interaction. »

LES INTERROGATIONS SUR LE COURS

La première chose à faire pour préparer ce deuxième temps est donc de connaître l'ensemble de vos cours de spécialités, en particulier ceux directement liés à votre question.

Pour cela, utilisez vos méthodes de révisions habituelles.
Vous pouvez aussi faire des *flashcards* à réviser avec un intervalle régulier, des fiches mémos permettant de visualiser un tout rapidement, vous entraîner sur un support effaçable (répéter) ou utiliser la méthode de « l'immersion totale » (c'est-à-dire exploiter une diversité de supports – podcasts, vidéos, films historiques, expositions, livres, etc. – sur le thème qui vous intéresse et en parler à vos proches).

Le jury n'est pas là pour vous tendre des pièges ni vous poser des questions impossibles. Les questions porteront soit directement sur les cours liés à votre question, soit plus largement sur les programmes de spécialités.
Vous ne saurez peut-être pas répondre à tout, mais ce n'est pas grave ! En effet, le jury va chercher à voir jusqu'à quel niveau de détail vous êtes prêt·e à répondre sur un sujet ou sur combien de sujets différents vous êtes capable de répondre, et ce, toujours pour savoir s'il peut vous attribuer une note supérieure !

EXEMPLE

- En Mathématiques, si vous énoncez des théorèmes ou des formules étudiées en Terminale, vous serez peut-être interrogé·e dessus.
- En SES, des notions utilisées sans en préciser la définition, ou à l'inverse des notions ou des théories mobilisées, mais sans en citer le nom, celui des auteurs ou autrices, ou d'autres théories vues en cours qui répondent à la question pourraient être demandées lors du deuxième temps.

Prenez le temps de bien répondre. Si vous êtes désarçonné·e par la question, n'hésitez pas à laisser un silence de quelques secondes ou demander un court temps de réflexion pour retrouver le fil de votre pensée.
Surtout, faites-vous confiance ! Vous connaissez par cœur les chapitres du programme sur lesquels s'appuie votre question. Pas de panique, à ce moment de l'année vous les aurez déjà appris, relus et parcourus à plusieurs reprises : au début de vos recherches pour votre question, pour élaborer votre plan, rédiger votre présentation ou préparer votre support écrit ou encore pour préparer les épreuves écrites du baccalauréat.
Vous êtes armé·e pour répondre aux questions du jury.

Ces interrogations, vous pouvez les anticiper, car ce sont celles qui porteront sur les notions clés de votre question (celles que vous pouvez avoir identifiées sur votre support écrit par exemple → Préparer le 1er temps : 3. Concevez votre support écrit, p. 121), sur des personnages ou des données capitales, etc. Il est préférable de faire appel à des connaissances bien maîtrisées plutôt qu'à des connaissances mal digérées.

LES INTERROGATIONS LIÉES À CE QUE VOUS AVEZ PRÉSENTÉ

Le jury pourra donc rebondir sur les éléments que vous avez choisi d'aborder dans votre question pour vous interroger. Vous l'avez compris, ce deuxième temps dépend de ce que vous avez proposé dans votre premier temps.
Comme pour les interrogations qui porteront sur le cours, les interrogations à partir de votre présentation peuvent être anticipées.

Vous pouvez même donner au jury des pistes d'interrogations :
– dans votre argumentation (un exemple qui a intrigué le jury, une citation, un point de votre raisonnement qu'il n'a pas compris, un aspect de votre développement particulièrement intéressant qu'il veut voir pousser plus loin, etc.) ;
– dans la conclusion, avec des questions ouvertes ;
→ La conclusion, p. 104
– avec votre support écrit.
→ Préparer le 1er temps : 3. Concevez votre support écrit, p. 121

Si vous donnez des pistes d'interrogations dans votre présentation, faites-le de manière subtile. L'objectif est de susciter la curiosité de votre jury, de lui entrouvrir une porte qu'il aura, peut-être même sans s'en rendre compte, envie de pousser.

Pour vous préparer à ces questions, n'hésitez pas à transformer vos camarades de classe en jury d'un jour.

EXERCICE

Jury d'un jour

COMPÉTENCES TRAVAILLÉES : **la mobilisation des connaissances ; la structuration de votre propos ; la maîtrise du corps et de la voix ; le développement de l'esprit critique.**

OBJECTIF : **mener votre présentation devant un public pour vous entraîner à recevoir la critique et anticiper les questions que posera le jury.**

NOMBRE DE PERSONNES : **1 personne + minimum 1 personne pour le public.**

DURÉE TOTALE : **10 minutes.**

Idéalement, cet exercice sera réalisé avec votre professeur·e, en classe, pour avoir un maximum de questions possibles. Mais si le temps manque, vous pouvez le faire entre ami·es, en privilégiant les camarades qui ont suivi les mêmes enseignements et qui, normalement, connaissent bien le programme de spécialité.

ÉTAPE 1 • LA PRÉSENTATION DE VOTRE QUESTION • 5 minutes

Présentez votre question devant vos camarades pendant 5 minutes, comme lors du premier temps de l'épreuve. Personne ne doit vous couper la parole.

ÉTAPE 2 • LE QUESTIONNEMENT • 5 minutes

À l'issue des 5 minutes, vos camarades posent toutes les questions qui leur viennent spontanément à l'esprit. Un·e élève se charge de les noter.

VARIANTE

Si votre professeur·e est présent·e, il ou elle peut compléter avec les propositions de questions qu'il ou elle aurait posées spontanément.

ÉTAPE 3 • LES COMPLÉMENTS

Vous avez le temps, ensuite, de chercher les réponses chez vous, dans votre manuel ou dans les recherches que vous avez effectuées pour votre présentation.

Si nécessaire, vérifiez avec votre professeur·e que vous n'êtes pas hors sujet, notamment si vous avez réalisé cet exercice en dehors de la classe.

VARIANTE • 10 minutes

Pour corser l'exercice, vous pouvez tenter de répondre du tac au tac aux questions de vos camarades. Cette variante pourra être utilisée pour vérifier la maîtrise de la question, quelques jours avant l'épreuve, par exemple.

ÉTAPE 4 • LA SYNTHÈSE

Que faire avec cette matière récoltée ? Pour chaque question posée, rédigez une fiche avec la réponse : conservez deux idées, un à deux arguments par idée et un exemple par argument. Et apprenez-les !

Dans l'idéal, il faut épuiser toutes les questions. Pour cela, essayez d'avoir 10 à 20 questions potentielles pour chaque sujet préparé. Même si vous ne tombez pas sur la question exacte le jour de l'examen, cet exercice permet de baliser un grand nombre de questions périphériques et de se sentir en confiance.

L'échange avec le jury sur votre présentation dure 10 minutes. Écoutez bien les questions et, si vous n'êtes pas certain·e d'avoir compris, demandez des précisions ou un court temps de réflexion, puis développez bien vos réponses. Plus vous structurerez vos réponses, plus vous montrerez que vous maîtrisez votre sujet.

N'essayez pas d'embobiner le jury en tournant autour d'une question pour laquelle vous n'avez pas la réponse : il y aura des questions déstabilisantes afin de voir jusqu'où vous êtes capable de répondre et de voir à quel point on peut vous accorder une note supérieure. Il est tout à fait acceptable de dire quand vous ne savez pas quelque chose, ou que vous avez du mal à mobiliser vos connaissances sur ce point. Si c'est le cas, demandez plutôt au jury de préciser la question.

PRÉPARER LE 3e TEMPS

Comment mettre en avant vos aspirations personnelles et professionnelles ?

FAITES DES POINTS RÉGULIERS

Avant de vous lancer dans la préparation du troisième temps, reprenez votre production « Il était une fois… moi ».
→ Faites un bilan personnel initial, p. 35
À partir de celle-ci et de la fiche de synthèse, → Fiche de synthèse des deux parcours, p. 59, réfléchissez à la question « Où serai-je dans 5 ans ? ».
Vous pouvez aussi faire l'exercice « Plus tard, je serai… ».

EXERCICE

—

« Plus tard, je serai… »

—

COMPÉTENCES TRAVAILLÉES : l'introspection.

OBJECTIF : apprendre à vous projeter dans l'avenir.

NOMBRE DE PERSONNES : 1 personne + minimum 1 personne pour le public.

DURÉE TOTALE : 30 minutes.

Cet exercice (proposé avec la contribution de Gildas Laguës, formateur en aspiration professionnelle) est une variante de l'exercice de rhétorique « Moi, Président·e ». → Moi, Président·e, p. 279 Il permet d'aborder l'aspiration professionnelle. Vous devez préparer un discours dans lequel vous vous projettez dans le métier ou le secteur professionnel qui vous intéresse.

ÉTAPE 1 • PRÉPARATION • 25 minutes

Dans votre annonce de plan, présentez vos trois arguments. Pour chaque idée, vous devez respecter ces trois temps :
- énonciation du métier et de la fonction visée ;
- explication des motivations ;
- exemple de projet(s) ou de mission(s) que vous souhaitez mener dans ce métier.

ÉTAPE 2 • DISCOURS • 2 à 3 minutes

Prenez la parole et présentez votre projet.

ÉTAPE 3 • ÉCHANGE • 5 minutes

Pendant les échanges, celles et ceux qui vous ont écouté·e questionnent vos aspirations et vos motivations. Échangez les rôles.

N'hésitez pas à refaire cet exercice à plusieurs reprises dans l'année. Cela vous permettra de voir si le travail sur votre question pendant l'année vous a permis de développer d'autres compétences ou a permis de préciser vos aspirations et projets.

PRÉPAREZ LA PRÉSENTATION DE VOTRE PROJET PROFESSIONNEL

En fonction de votre situation, lancez-vous dans le pas à pas correspondant :

- **Situation 1 : vous avez une idée de métier** → p. 134
- **Situation 2 : vous avez une idée du secteur professionnel** → p. 138
- **Situation 3 : vous n'avez pas de projet défini** → p. 142

Vous êtes dans la première situation

Relisez la fiche métier et les fiches expériences faites précédemment → Déterminez quelle est votre situation d'orientation, p. 39 et reliez-les pour dérouler une présentation fluide.

ÉTAPE 1 • PARTEZ DE LA PRÉSENTATION DU MÉTIER, GRÂCE AUX QQOQP

EXEMPLE

« J'envisage de devenir assistant·e. de service social. C'est un métier qui me plaît parce qu'il s'exerce en équipe, pour lequel il y a beaucoup de besoins, et qu'on peut faire partout en France. Pour y parvenir, il faut obtenir le DEASS, à bac + 3. C'est ce que je veux faire parce que je veux agir pour les plus fragiles. »

ÉTAPE 2 • CITEZ LES TROIS COMPÉTENCES NÉCESSAIRES

À vos yeux ou aux yeux des professionnel·les rencontré·es pour exercer ce métier. Ainsi, vous montrez que vous connaissez bien le métier que vous visez.

EXEMPLE

Par exemple, l'empathie, l'adaptabilité et la rigueur sont quelques-unes des qualités nécessaires pour exercer ce métier.

ÉTAPE 3 • FAITES DES PHRASES DE TRANSITION

Enchaînez avec une phrase de transition sur le modèle suivant : « J'ai eu plusieurs expériences qui m'ont fait dire que j'avais ces compétences, notamment l'expérience 1, puis l'expérience 2 et enfin l'expérience 3. » Limitez-vous à trois expériences.

EXEMPLE

« J'ai eu plusieurs expériences qui m'ont fait dire que j'avais ces compétences, notamment les maraudes que j'ai effectuées l'hiver dernier avec des sans-abri, mais aussi mon expérience d'animation en centre de loisirs et enfin un stage d'une semaine au centre communal d'action sociale de ma mairie. »

En présentant les choses ainsi, les examinateurs et examinatrices seront très probablement tenté·es de vous interroger sur l'une de ces trois expériences. L'objectif n'est pas de raconter les trois. Le jury peut très bien s'intéresser à une seule expérience jusqu'à la fin de l'entretien.
Si vous souhaitez les amener vers une autre expérience, suggérez-la dans une phrase de transition.

EXEMPLE DE PHRASES DE TRANSITION

« En effectuant des maraudes avec les sans-abri, j'ai compris que je ne pourrai pas rester les bras croisés, je voulais agir. C'est pour cette raison que je me destine aux métiers du social. J'ai voulu savoir en quoi consistait le métier d'assistant·e de service social, alors j'ai effectué un stage d'une semaine au CCAS de ma mairie. J'ai compris qu'il fallait de la rigueur pour bien encadrer les bénéficiaires et leur apporter de l'aide dans le respect des lois. Mais j'ai vu qu'au quotidien, il fallait aussi beaucoup s'adapter. Cette souplesse et cette rigueur, je les mets en pratique depuis trois étés, dans le cadre de l'animation du centre de loisirs de ma ville. »

EXEMPLE D'UNE PRÉSENTATION AVEC LES TEMPS DE PAROLE		
Titre de l'expérience A	**Aide aux sans-abri**	5 secondes
Récit de votre expérience A	J'ai effectué l'hiver dernier des maraudes avec une association de mon quartier pour venir en aide aux sans-abri, leur apporter un repas chaud et discuter avec eux.	25 secondes
En quoi cette expérience a révélé une qualité nécessaire pour faire ce métier ?	J'ai sincèrement aimé prendre ce temps avec eux, écouter leurs histoires, même si ce n'était pas toujours facile. Cela m'a permis de comprendre que j'étais quelqu'un d'empathique…	25 secondes
Phrase de transition vers l'expérience B	… mais aussi que je ne supportais pas l'injustice. J'ai compris que je ne pourrai pas rester les bras croisés, je voulais agir.	5 secondes
Recommencez pour l'expérience B puis pour l'expérience C.		

Chaque expérience doit tenir en 1 minute maximum à l'oral. Déroulez ainsi vos trois expériences. Entraînez-vous à les dire dans le temps imparti.

➔ **Ce chemin de fer permet de baliser tout l'entretien. Vous serez en maîtrise :**
– de la connaissance du métier ;
– des compétences nécessaires pour l'exercer ;
– des expériences personnelles qui ont forgé votre orientation.

Le jury peut vous poser une question liée à l'actualité de ce métier (une grève, de nouvelles lois, un fait divers, etc.). Restez en veille tout au long de l'année de Terminale, jusqu'au jour de l'examen.
Sur le même modèle que pour trouver des informations pour votre question, vous pouvez faire une revue de presse sur votre projet d'orientation : le mieux est de faire une veille en suivant des fils d'actualités d'écoles ou d'organismes en lien avec le secteur professionnel visé. Soyez vigilant·es quant aux comptes suivis : le secteur économique de l'orientation est en plein essor, beaucoup de sites ou de comptes sont en réalité de la publicité déguisée pour des formations ou des écoles.

Vous avez une passion depuis des années, vous voulez en faire votre métier mais vous hésitez à en parler, de peur des réactions ? Vous avez tort. Il n'y a rien de plus convaincant pour un jury qu'une personne qui est elle-même convaincue.
Si vous vous projetez en artiste, ministre, archéologue ou pâtissier·ère, quelles que soient votre ambition et les réactions de vos proches, A-SSU-MEZ ! Vous verrez naturellement si cette ambition reste intacte au cours de l'année en fonction des choix d'orientation que vous devrez faire. Mais si vous changez d'idée, ce ne doit pas être par découragement ou pour donner raison à votre entourage. Faites-vous confiance !

Vous êtes dans la deuxième situation

Relisez la fiche de présentation du secteur professionnel et les fiches expériences que vous avez faites pour l'étape 1 → Déterminez quelle est votre situation d'orientation, p. 39 et reliez-les pour dérouler une présentation fluide.

ÉTAPE 1 • PARTEZ DE LA PRÉSENTATION DU SECTEUR PROFESSIONNEL QUI VOUS ATTIRE, GRÂCE AUX QQOQP

EXEMPLE
« Je n'ai pas encore d'idée précise d'un métier ou d'une formation dans laquelle m'engager. Mais ce dont je suis certain, c'est que je souhaite contribuer à la protection de l'environnement. C'est pour moi une question essentielle pour laquelle j'aimerais m'engager professionnellement. Lutte contre la pollution, pour le développement d'énergies douces, la protection de la faune ou de la flore, la gestion des déchets, l'économie durable, devenir lanceur d'alerte, etc. Je ne sais pas encore dans quel domaine m'inscrire, ni combien de temps consacrer à mes études. »

ÉTAPE 2 • CITEZ LES TROIS COMPÉTENCES NÉCESSAIRES

À vos yeux ou aux yeux des professionnels rencontrés pour réussir dans ce champ professionnel. Ainsi, vous montrez que vous vous connaissez, et que vous n'avez pas choisi ce secteur par hasard.

EXEMPLE
« Je pense pouvoir réussir dans ce secteur dont je connais bien les enjeux, car je m'informe activement. Je sais que la protection de l'environnement est un combat de longue haleine, mais je suis persévérant, et l'urgence de la situation motive ma capacité à convaincre. »

ÉTAPE 3 • FAITES DES PHRASES DE TRANSITION

Enchaînez avec une phrase de transition sur le modèle suivant : « J'ai eu plusieurs expériences qui m'ont fait dire que j'avais ces compétences, notamment l'expérience 1, puis l'expérience 2 et enfin l'expérience 3. » Limitez-vous à trois expériences.

EXEMPLE

« J'ai participé cette année à la marche mondiale pour le climat, et je suis éco-délégué au lycée, où j'ai mis en place une campagne pour l'éco-énergie. Je m'informe régulièrement afin d'animer des débats dans mon établissement. »

En présentant les choses ainsi, les examinateurs et examinatrices seront très probablement tenté·es de vous interroger sur l'une de ces trois expériences. L'objectif n'est pas de raconter les trois. Le jury peut très bien s'intéresser à une seule expérience jusqu'à la fin de l'entretien.
Si vous souhaitez les amener vers une autre expérience, suggérez-la dans une phrase de transition.

EXEMPLE DE PHRASES DE TRANSITION

« Je suis éco-délégué au lycée depuis la Seconde, car je m'intéresse depuis toujours aux questions de développement durable. Mon expérience décisive a cependant été, sans aucun doute, ma participation à la marche mondiale pour le climat, où j'ai pu rencontrer des jeunes d'autres pays engagés comme moi. Nous avons pu avoir des échanges très riches et cela a renforcé mon envie de voyager et d'alerter l'opinion. Ces discussions m'ont permis de proposer de nouveaux thèmes de débat au lycée et de présenter des exemples concrets d'engagements au quotidien. »

EXEMPLE D'UNE PRÉSENTATION AVEC LES TEMPS DE PAROLE		
Titre de l'expérience A	**Éco-délégué**	5 secondes
Récit de votre expérience A	Au sein de mon établissement, j'ai été éco-délégué. Avec les autres délégués, nous avons mené des actions de sensibilisation pour inciter les élèves à devenir des citoyen·nes responsables dans les gestes quotidiens et à contribuer ainsi à la préservation de notre planète. Nous avons organisé des débats et des opérations anti gaspillage de l'énergie, de l'eau, de nourriture. Nous avons aussi mené des actions de tri pour favoriser le recyclage des déchets.	25 secondes
En quoi cette expérience a révélé une qualité nécessaire pour réussir dans ce secteur professionnel ?	Cette expérience m'a permis de comprendre que j'étais quelqu'un de persévérant et de convaincant. J'aime échanger et informer pour permettre à chacun de se faire une opinion éclairée.	25 secondes
Phrase de transition vers l'expérience B	Dans cette même dynamique d'engagement pour l'environnement, j'ai participé à la marche mondiale pour le climat.	5 secondes
Recommencez pour l'expérience B puis pour l'expérience C.		

Chaque expérience doit tenir en 1 minute maximum à l'oral. Déroulez ainsi vos trois expériences. Entraînez-vous à les dire dans le temps imparti.

➔ **Ce chemin de fer permet de baliser tout l'entretien.**
Vous serez en maîtrise :
– de la connaissance du champ professionnel qui vous intéresse ;
– des compétences nécessaires pour l'intégrer ;
– des expériences personnelles qui ont forgé votre orientation.

Le jury peut vous poser une question liée à l'actualité de ce secteur professionnel (une grève, de nouvelles lois, un fait divers, etc.). Restez en veille tout au long de l'année de Terminale, jusqu'au jour de l'examen.

Vous avez un intérêt évident pour un secteur professionnel. C'est déjà beaucoup ! Un éventail de choix s'offre à vous : en effet, un même secteur regroupe une quantité de métiers. À vous alors de réfléchir à vos motivations et de déterminer vos envies : études longues ou courtes ? Métier à l'extérieur ou dans un bureau ? Des horaires fixes ou variables ? Déterminé·e ou non pour un métier ou une formation, n'oubliez pas qu'un même métier peut s'exercer dans une très grande diversité de secteurs.

Vous êtes dans la troisième situation

Relisez les fiches de présentation des secteurs professionnels, les fiches expériences, le bilan initial et la synthèse que vous avez faits pour l'étape 1 → Faites un bilan personnel initial, p. 35 ; Fiche de synthèse des deux parcours, p. 59 et reliez-les pour dérouler une présentation fluide.

ÉTAPE 1 • PARTEZ DE VOTRE BILAN PERSONNEL POUR METTRE EN AVANT VOS ATOUTS ET VOTRE MOTIVATION

EXEMPLE

« Je ne sais pas encore vers quel métier me tourner. J'aime beaucoup dessiner, et j'attends avec impatience le week-end pour retrouver mes amis. J'ai des très bonnes notes en anglais, surtout depuis que je regarde des séries ou des films en version originale. »

ÉTAPE 2 • CITEZ TROIS COMPÉTENCES QUE VOUS PENSEZ POSSÉDER, ET UN OU DEUX SECTEURS PROFESSIONNELS

Vous vous serez renseigné·e sur ces compétences et les secteurs dans lesquels elles pourraient s'exercer. Ainsi, vous montrerez que vous vous connaissez, et que vous savez en tirer des conclusions.

EXEMPLE

« Mon entourage dit de moi que je suis sociable et communicative, alors que je suis timide. Je suis plutôt autonome et je sais travailler en groupe, faire preuve de créativité par le dessin. Un test d'intérêt m'a proposé d'explorer les métiers de l'événementiel, de l'art et du tourisme, en me définissant comme créative et capable d'organisation. Je trouve que ces secteurs me correspondent et me permettraient de regrouper plusieurs de mes goûts. Traductrice, organisatrice d'événements, illustratrice, pour l'instant tous ces métiers m'attirent. »

ÉTAPE 3 • FAITES DES PHRASES DE TRANSITION

EXEMPLE

« Je fais souvent du baby-sitting. L'organisation d'un anniversaire m'a prouvé que je pouvais être rigoureuse, prendre des initiatives et garder un secret. Je traduis souvent des expressions ou des mots d'anglais quand je regarde des séries en famille. »

En présentant les choses ainsi, les examinateurs et examinatrices seront très probablement tenté·e s de vous interroger sur l'une de ces trois expériences. L'objectif n'est pas de raconter les trois. Le jury peut très bien s'intéresser à une seule expérience jusqu'à la fin de l'entretien.
Si vous souhaitez les amener vers une autre expérience, suggérez-la dans une phrase de transition.

EXEMPLE DE PHRASES DE TRANSITION

« Après mon expérience de garde d'enfants, je sais déjà que je n'aimerais pas travailler dans le secteur de l'enfance ou de l'enseignement. Par contre, j'ai adoré surprendre mes ami·es en mettant sur pied une soirée réussie. J'aimerais garder cette possibilité de créer, de faire plaisir, de permettre aux gens de mieux se rencontrer. J'ai compris que ces activités nécessitent aussi de l'organisation et de la gestion matérielle mais cela ne me fait pas peur. Parler une autre langue m'aidera à ouvrir mes horizons et à découvrir d'autres manières de vivre et de penser. C'est une porte sur le monde que j'ai envie de franchir. »

EXEMPLE D'UNE PRÉSENTATION AVEC LES TEMPS DE PAROLE		
Titre de l'expérience A	**Baby-sitting**	5 secondes
Récit de votre expérience A	Je me suis occupée toute l'année des enfants de mes voisins. Quelquefois, j'allais les chercher à l'école. Je les ai aussi gardés le soir quand leurs parents s'absentaient. Ils m'ont proposé de partir en vacances avec eux pour m'occuper de leurs filles mais même si l'idée de voyager me tentait, j'ai préféré refuser.	25 secondes
En quoi cette expérience a révélé une qualité nécessaire pour réussir dans ce secteur professionnel ?	Cette expérience m'a permis de comprendre que je n'avais pas la patience de m'occuper longtemps de jeunes enfants, même si j'ai toujours été sérieuse et soucieuse de leur bien-être. Une soirée de temps en temps, cela m'a suffi.	25 secondes
Phrase de transition vers l'expérience B	Par contre, je me suis beaucoup plus épanouie en organisant l'anniversaire de mon amie.	5 secondes
Recommencez pour l'expérience B puis pour C.		

Chaque expérience doit tenir en 1 minute maximum à l'oral. Déroulez ainsi vos trois expériences. Entraînez-vous à les dire dans le temps imparti.

➔ **Ce chemin de fer permet de baliser tout l'entretien.**
Vous serez en maîtrise :
– de la connaissance de vous-même ;
– des compétences nécessaires pour choisir ultérieurement ;
– des expériences personnelles qui construisent peu à peu votre parcours.

Le jury peut vous poser une question liée à l'actualité en fonction de votre récit (une grève, de nouvelles lois, un fait divers, etc.). Restez en veille tout au long de l'année de Terminale, jusqu'au jour de l'examen. Même si vous n'avez pas encore choisi de métier ou de secteur professionnel, vous avez tout de même déjà fait des choix d'orientation (stage de Troisième, passage en Seconde générale, choix de spécialités, etc.). Au moment de l'oral, vous aurez également fait vos choix d'orientation pour l'année suivante. Vous pouvez mettre en avant et expliciter ces choix.

Il n'est pas anormal de ne pas savoir vers quel métier se diriger à la fin du lycée. Une enquête de 2020 montre que près d'un jeune actif sur deux quitte son premier emploi moins d'un an après son embauche. Pendant le Grand Oral, il vous faudra montrer que vous avez fait des choix réfléchis avant la classe de Terminale, que vous connaissez vos capacités, vos goûts et vos dégoûts, et que vous vous donnez le temps de décider. Vous pouvez également faire le choix d'une année de césure pour travailler ou partir à l'étranger ou en service civique afin de vivre de nouvelles expériences et d'ouvrir vos horizons. C'est également un choix d'orientation que vous pouvez exposer au jury.

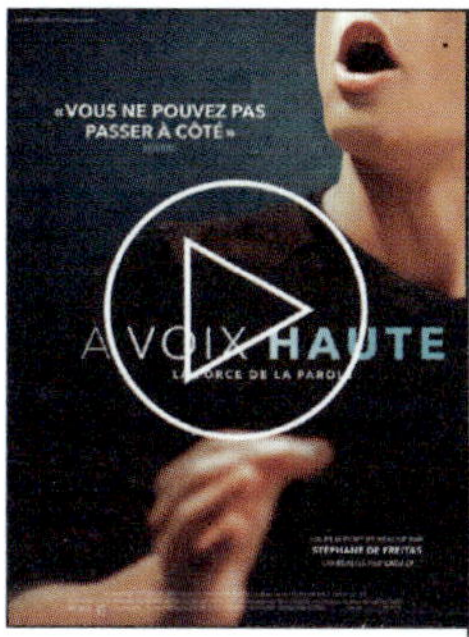

Eddy parle de son ambition de devenir comédien

00:43:50

« La première fois que je suis entré sur scène, j'étais tellement heureux d'être là que j'ai failli en pleurer de joie. »

Eddy parle de son ambition de devenir comédien

00:47:00

Il échange avec ses parents sur sa vocation.

ÉTAPE 4
ENTRAÎNEZ-VOUS À L'ORAL

1

APPRENEZ À ORALISER VOTRE DISCOURS

Comment être clair·e dans votre présentation, convaincant·e dans vos réponses, sûr·e de vous pendant l'exposé de votre projet d'orientation, comment, pendant ces 20 minutes, être un·e candidat·e en pleine possession de ses moyens ? C'est peut-être ce qui vous inquiète le plus dans cette épreuve.

Pas de panique. Cet oral est votre moment, celui qui vous permet de montrer votre travail, votre personnalité, votre ambition.

> Il n'y a pas de bon oral sans travail en amont. Si vous avez travaillé, même si vous avez un trou de mémoire ou si vous vous emmêlez les pinceaux, vous vous rattraperez.

Pour vous permettre de vous entraîner et ancrer les bons réflexes, voici une série de conseils simples pour placer votre voix, parler distinctement ou vous tenir correctement. Cela doit vous servir le jour de l'oral, pas seulement à « faire bonne impression », mais aussi à présenter la plus juste expression de vous-même.

COMMENT PASSER D'UN TEXTE COMPLÈTEMENT RÉDIGÉ À UN ORAL SANS NOTES ?

CE QUE DIT LE PROGRAMME
« L'exposé du candidat se fait sans notes. »

Vous devez donc pouvoir dérouler vos présentations – votre question pendant le premier temps et votre projet professionnel pendant le troisième temps – de tête, sans l'appui d'un document.

Outil pour le premier temps : la fiche de mots

La méthode pour porter un discours sans notes se divise en trois étapes :

ÉTAPE 1 • RÉDIGEZ ENTIÈREMENT VOTRE DISCOURS AU MOT PRÈS
➔ Rédigez votre discours, p. 118

ÉTAPE 2 • RÉSUMEZ CHAQUE PARAGRAPHE EN UNE PHRASE ET APPRENEZ-LA PAR CŒUR
S'il y a des chiffres clés, écrivez-les entre parenthèses à la fin de la phrase. ➔ Ci-après p. 149-150

ÉTAPE 3 • SUR UNE FICHE, SYNTHÉTISEZ CHAQUE PHRASE EN UN MOT ET APPRENEZ PAR CŒUR LA SÉRIE DE MOTS
➔ Ci-après p. 150

Le jour de l'examen, vous aurez 20 minutes de préparation pour poser à l'écrit le propos de votre question et préparer votre support écrit. La fiche de mots peut vous servir de moyen mnémotechnique pour reconstruire tout le plan de votre argumentation. En ayant fait cet exercice de synthétisation pendant l'année, vous pourrez donc le jour J rapidement reconstituer votre fiche de mots. Elle vous permettra de visualiser une dernière fois votre plan avant de vous lancer.

Ces mots-clés doivent être des mots qui vous permettent de retrouver en un instant le fil de vos idées, des mots forts qui incarnent chacune des étapes de votre discours.
Privilégiez des mots que vous aviez choisis lors de la rédaction initiale de votre discours, plutôt que des synonymes. Ces mots doivent agir comme un mécanisme que vous actionnez pour dérouler le fil de votre présentation.

EXEMPLE

Exemple pour la question « L'éducation est-elle plus qu'une transmission ? »

ÉTAPE 2 DE LA FICHE DE MOTS

Intro : Éducation = conduire vers quelque chose, faire sortir de quelque part. Nous verrons en quoi éduquer ce n'est pas seulement transmettre un savoir mais aussi élever, c'est-à-dire faire grandir.

Idée 1 / argument 1 : Éduquer c'est transmettre car c'est d'abord instruire. Des programmes nationaux de connaissances à acquérir sont fixés par le Ministère.

Idée 1 / argument 2 : Éduquer c'est transmettre car c'est aussi apprendre à savoir faire. La méthodologie est aussi un savoir à transmettre.

Idée 2 / argument 1 : Éduquer c'est aussi faire grandir car c'est élever quelqu'un. Les élèves sont accompagné·es pendant leur enfance et leur adolescence, jusqu'à l'âge adulte.

Idée 2 / argument 2 : Éduquer c'est faire grandir car aider quelqu'un à se cultiver c'est lui montrer comment il peut se constituer une richesse, comme on cultive un jardin où l'on fait pousser des plantes.

Conclusion
Éduquer c'est transmettre et faire grandir ; cela suppose un lien de confiance entre l'enseignant et l'enseigné, qui repose sur une interaction : celui qui éduque apprend aussi au contact de celui qu'il éduque.

ÉTAPE 3 DE LA FICHE DE MOTS

Intro : éducation – conduire – transmettre – élever

Idée 1 / argument 1 : transmettre – instruire – programmes

Idée 1 / argument 2 : transmettre – savoir-faire – méthodologie

Idée 2 / argument 1 : faire grandir – élever – enfant – adulte

Idée 2 / argument 2 : faire grandir – se cultiver – jardin – faire pousser

Conclusion : éduquer – transmettre – faire grandir – confiance – interaction

➲ Attention, apprendre par cœur votre fiche de mots ne signifie pas apprendre par cœur votre exposé ! Là, vous risquez le gros trou de mémoire et surtout une récitation désincarnée, qui ne serait satisfaisante ni pour vous, ni pour le jury.

➲ Contentez-vous d'apprendre les trente premières secondes (la première phrase de votre introduction) et les trente dernières (la dernière phrase de la conclusion). Pour le reste, si vous maîtrisez votre fiche de mots, vous déroulerez votre propos facilement. Aussi, plus vous maîtrisez votre question et vos arguments, plus votre fiche sera concise, donc facile à apprendre.

➲ La façon dont vous présenterez votre texte le jour J sera peut-être différente de celle dont vous l'aurez répétée. → Avant l'oral, une technique imparable : répéter, p. 154 Ce n'est pas grave, au contraire, cela signifie que vous vous êtes suffisamment approprié vos idées. Soyez dans l'instant présent.

➲ Il y a cependant une règle d'or à respecter : apprenez par cœur le début de votre introduction et votre phrase de fin.
En effet, se lancer dans un discours sans notes, c'est comme lancer une toupie : si vous commencez mal, vous risquez de bégayer, d'avoir un trou de mémoire. En connaissant les premières phrases de votre discours par cœur, vous commencez en confiance. De la même façon, connaître votre phrase de fin vous permet de maîtriser votre point d'arrivée.
Cela vous permet, pendant le temps de préparation, de vous assurer qu'il ne manque rien dans le déroulé de votre argumentation pour parvenir à la conclusion de votre démonstration. Quand vous prononcerez cette phrase, cela devra signifier clairement pour vous et pour le jury que votre présentation est terminée.

Outil pour le troisième temps : la boussole à entretien

Les mots-clés

Reprenez la fiche de synthèse d'expériences correspondant à votre situation → Déterminez quelle est votre situation d'orientation, p. 39 ; Comment faire une fiche métier / secteur professionnel et une fiche d'expériences ?, p. 281, et comme pour les idées de votre argumentation, résumez chaque expérience en un mot-clé.

EXEMPLE

Pour devenir assistant·e de service social :

Expérience 1 : maraudes avec les sans-abri

→ le mot-clé = *maraudes*

Expérience 2 : stage au centre d'action sociale de ma mairie

→ le mot-clé = *stage*

Expérience 3 : animation en centre de loisirs

→ le mot-clé = *animation*

Pour apprendre votre présentation de façon efficace et méthodique, vous pouvez passer par un schéma : « la boussole à entretien ».

ÉTAPE 1 • NOTEZ LES CARACTÉRISTIQUES DU MÉTIER / SECTEUR PROFESSIONNEL QUE VOUS VISEZ (QQOQP) AU CENTRE D'UNE FEUILLE

- Faites-le de façon synthétique.

ÉTAPE 2 • INSCRIVEZ AU-DESSUS LES 3 QUALITÉS NÉCESSAIRES POUR EXERCER CE MÉTIER

ÉTAPE 3 • DÉROULEZ DANS LE SENS DES AIGUILLES D'UNE MONTRE LES EXPÉRIENCES ET LEURS MOTS-CLÉS

ÉTAPE 4 • RELIEZ CHAQUE MOT-CLÉ AVEC UNE PHRASE DE TRANSITION

- Cette phrase doit vous permettre de passer d'une expérience à une autre dans votre présentation.
- Appuyez-vous sur les transitions que vous avez identifiées avec votre fiche d'expériences.

➔ **Entraînez-vous à refaire ce schéma puis, quand vous le maîtrisez bien, à dérouler votre présentation à partir de ces mots-clés. Pour rappel, chaque expérience doit tenir en 1 minute maximum à l'oral.**

EXEMPLE DE BOUSSOLE À ENTRETIEN

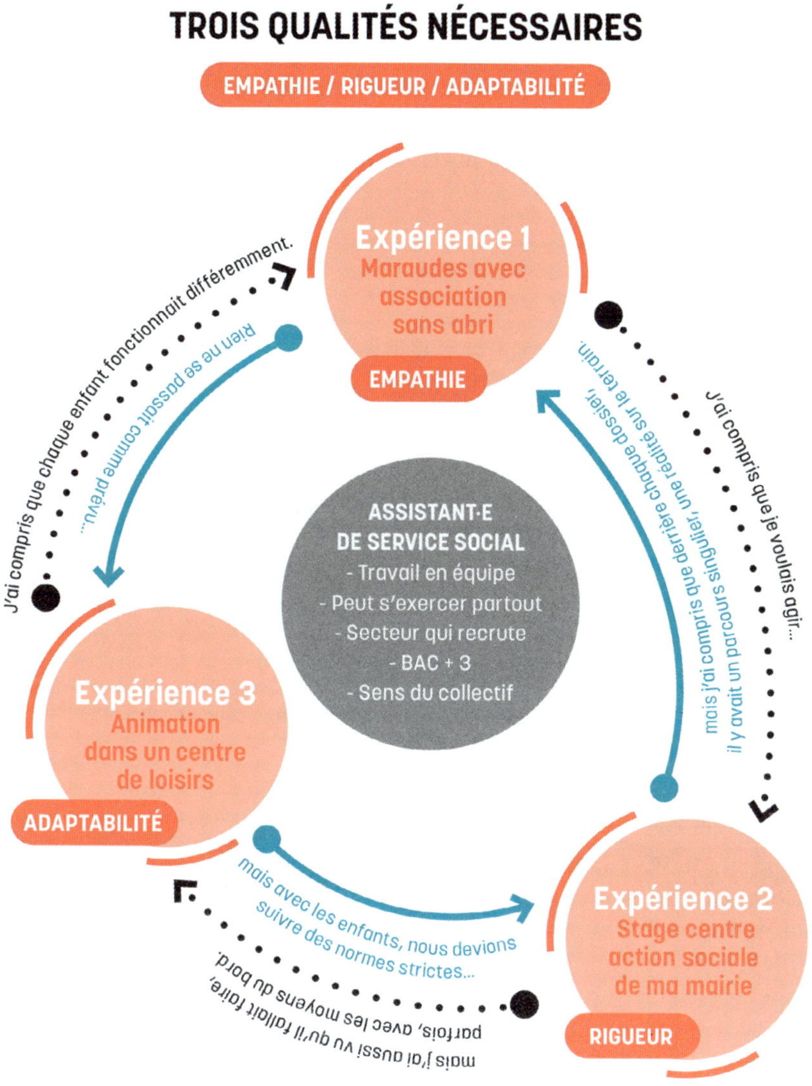

AVANT L'ORAL, UNE TECHNIQUE IMPARABLE : RÉPÉTER

Comment vous préparer pour ne pas sécher le jour J ? La seule technique imparable est simple : répéter. Chez vous, d'abord seul·e, puis, quand vous vous sentez prêt·e, devant des amis ou votre famille.

EXERCICE

La répétition générale

COMPÉTENCES TRAVAILLÉES : l'introspection ; la structuration de votre propos ; la maîtrise du corps et de la voix ; la créativité ; la mobilisation de vos connaissances.

OBJECTIF : vous entraîner pour être prêt le jour J.

NOMBRE DE PERSONNES : 1 personne (+ minimum 1 personne pour le public de l'option 2).

DURÉE TOTALE : 8 minutes + le temps du bilan et des éventuelles questions.

OPTION 1 : SEUL.E SANS JURY

ÉTAPE 1 • RÉPÉTEZ LE PREMIER TEMPS DU Grand Oral

Chronométrez-vous pour que votre prestation pendant le premier temps dure 5 minutes, avec un débit modéré et une articulation soignée. → Apprenez à porter votre voix, p. 158 Il ne s'agit pas de tenir le temps imparti en mangeant un mot sur deux et sans reprendre votre souffle.

Apprenez donc par cœur le début de votre introduction, vos mots-clés → La fiche de mots, p. 148, votre phrase de fin et lancez-vous. D'une répétition à l'autre, vous formulerez peut-être certains passages autrement ou passerez plus de temps sur une idée qu'une autre.

Vous composerez ainsi votre mélodie qui, à force de travail, va s'ancrer dans votre mémoire.

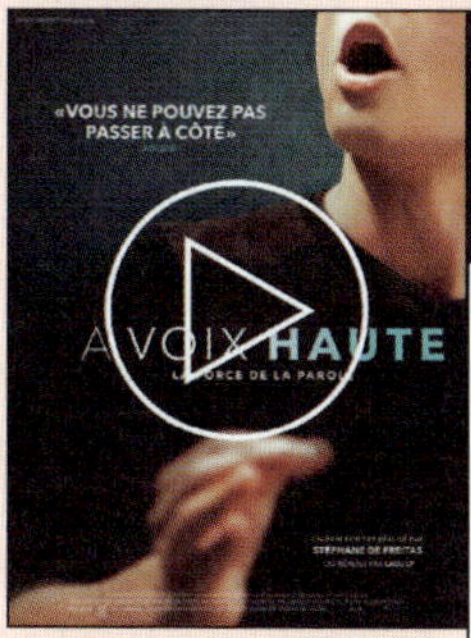

Eddy s'entraîne à répéter son texte à voix haute, en parcourant les dix kilomètres qui séparent son domicile de la gare 01:18:00

« Ça m'aide vraiment à les apprendre par cœur. Quand je marche, je n'ai pas l'appui du texte. Je le récite, je le récite et à un moment, ça bloque. Il peut se passer trois cent mètres ou un kilomètre sans que je retrouve ce que je dis. Alors je reformule totalement et une autre idée vient. »

ÉTAPE 2 • RÉPÉTEZ LE TROISIÈME TEMPS DU Grand Oral

Faites la même chose pour la présentation de votre projet professionnel à partir de votre boussole à entretien. ➔ La boussole à entretien, p. 151 Chronométrez-vous pour que votre prestation dure entre 2 et 3 minutes, avec un débit modéré et une articulation soignée.

OPTION 2 : DEVANT UN JURY

ÉTAPE 1 • RÉPÉTEZ LE PREMIER TEMPS DU Grand Oral

Répétez votre discours. Présentez-le à une ou plusieurs personnes. Demandez à vos proches de noter les éventuels moments où vous vous êtes perdu·e. C'est peut-être une tournure de phrase qui vous bloque, ou une transition qui ne fonctionne pas. Demandez-leur aussi, en toute sincérité, de noter les moments où ils et elles ont décroché.

> Vous entraîner devant vos proches vous permet d'apprendre à gérer le regard de l'autre. Ça ne viendra sûrement pas du premier coup, ce n'est pas grave. C'est normal, cela fait partie du processus. Si vous perdez vos moyens, ne baissez pas les bras. Ne vous énervez pas, vous perdrez de l'énergie pour rien. Enfin, vous devez surveiller vous-même le chronomètre.

ÉTAPE 2 • RÉPÉTEZ LE TROISIÈME TEMPS DU Grand Oral

Demandez à vos proches de jouer le rôle du jury, comme pour le premier temps.

ÉTAPE 3 • ENTRAÎNEZ-VOUS À RÉPONDRE À D'ÉVENTUELLES QUESTIONS

Pour le premier et le deuxième temps, cette étape fonctionne si votre jury est composé de camarades de classe, par exemple, qui apprennent le même programme de spécialité que vous. → Jury d'un jour, p. 130

Pour le troisième temps, incitez d'abord votre jury factice à vous interroger sur le contenu de vos expériences pour vous permettre de vous entraîner à les dérouler.

La fois suivante, laissez d'autres personnes vous interroger à l'aveugle, cela vous permettra d'avoir des réactions variées et de mieux anticiper celles du jour J.

Faites cet exercice deux ou trois fois. Prévoyez au moins une session au cours de laquelle votre jury factice multiplie à dessein les pièges.

ÉTAPE 4 • FAITES LE POINT

Demandez à votre jury de faire un bilan avec vous. Vous pouvez privilégier avec eux les retours sur la forme de votre prise de parole (débit, articulation, tics de langage, etc.).

Si vos parents ou proches constituent votre jury factice, ils peuvent aussi tout à fait vous aider à faire le point sur votre présentation, sans connaître le programme de spécialité. C'est d'ailleurs le propre d'un bon discours ! Même le ou la novice doit comprendre l'argumentation.

D'ailleurs, souvenez-vous que le deuxième membre du jury ne sera pas systématiquement un·e enseignant·e de vos spécialités. Il ou elle sera potentiellement moins au fait du programme mais vous devrez aussi vous adresser à elle ou à lui !

Quant au temps d'échange sur l'orientation, il ne s'agit pas de juger une argumentation liée à un programme scolaire mais seulement d'évaluer si vous avez été clair·e et complet·e, si vous avez piqué leur curiosité. Si votre jury factice estime que vous n'avez pas été à l'aise sur une question, proposez de la noter pour vous la reposer lors d'une prochaine session.

Pour des retours constructifs, le jury factice peut se munir de la grille indicative d'évaluation du Grand Oral.
Ils ou elles peuvent notamment se référer aux colonnes 1 et 2 de la grille (qualité orale de l'épreuve, qualité de la prise de parole) ainsi qu'à la colonne 4 pour le temps d'échange (qualité de l'interaction).
Si vous avez dans votre entourage des personnes habituées à entendre ou effectuer des prises de parole et volontaires pour jouer aux jurys factices, entraînez-vous aussi avec elles.

MINI-LIENS minilienrobert.com/1GT1

Pour que ces entraînements soient constructifs, les jurys factices doivent vous faire des retours, soit sur le fond, soit sur la forme. Pas les deux en même temps. Les seules personnes qui sauront vous faire ces doubles retours sont vos professeur·es, avec qui vous vous entraînerez à la fin, dans les semaines qui précèdent l'oral.

APPRENEZ À PORTER VOTRE VOIX

CE QUE DIT LE PROGRAMME
« Le jury valorise la solidité des connaissances du candidat, sa capacité à argumenter et à relier les savoirs, son esprit critique, la précision de son expression, la clarté de son propos, son engagement dans sa parole, sa force de conviction. »

Les réflexes à adopter valent pour le discours comme pour la partie d'échange avec le jury : ne vous relâchez pas pendant les deuxième et troisième temps, même s'ils vous semblent moins formels que l'exposé.

ARTICULEZ

Le jury ne doit pas se concentrer outre mesure pour vous comprendre, votre parole doit être parfaitement claire. C'est un défaut que beaucoup, jeunes et moins jeunes, rencontrent à l'oral : à cause du stress, ils mangent leurs mots. Le risque, c'est que votre interlocuteur ou votre interlocutrice s'agace et perde le fil.
Utilisez une application dictaphone sur votre téléphone ou votre ordinateur pour vous enregistrer quand vous prononcez votre texte. Réécoutez-vous tout de suite après, vous vous rendrez compte si votre articulation a besoin d'être travaillée.

EXERCICE

Le crayon dans la bouche

COMPÉTENCES TRAVAILLÉES : la maîtrise du corps et de la voix.

OBJECTIF : améliorer votre articulation.

NOMBRE DE PERSONNES : 1 personne.

DURÉE TOTALE : 10 minutes.

ÉTAPE 1 • AVEC LE CRAYON • 5 minutes
Quand vous répétez seul·e, entraînez-vous à dire votre présentation avec un crayon dans la bouche, en articulant au maximum.

ÉTAPE 2 • SANS LE CRAYON • 5 minutes
Puis, enlevez le crayon et redites votre texte. Soulagé·e d'être débarrassé de l'entrave du crayon, vous allez spontanément ouvrir davantage votre bouche et mieux articuler.

Loubaki Loussalat propose aux étudiant·es d'écrire de la poésie 00:22:50

Il reprend plusieurs fois un étudiant sur son articulation. Parce qu'il écrit du rap, celui-ci pense qu'il doit parler vite, manger ses fins de vers pour être dans le rythme. L'étudiant tique d'abord sur les conseils de Loubaki Loussalat puis finit par comprendre que très bien articuler ne dénature pas son texte mais au contraire, le rend plus limpide et le renforce.

EXERCICE

—

La montagne

—

COMPÉTENCES TRAVAILLÉES : **la maîtrise du corps et de la voix.**

OBJECTIFS : **améliorer votre articulation ; parler distinctement ; projeter votre voix.**

NOMBRE DE PERSONNES : **1 personne + minimum 3 personnes pour le public.**

DURÉE TOTALE : **5 minutes.**

Dans une salle de classe ou dans une grande pièce, entraînez-vous à projeter votre voix pour que vos interlocuteurs ou interlocutrices vous entendent parfaitement. Aidez-vous de trois personnes : dans une salle de classe, la première s'assoit au premier rang, la deuxième au milieu de la salle et la troisième au dernier rang. Si vous faites cela chez vous, demandez aux personnes de se répartir au mieux dans la pièce.

ÉTAPE 1 • L'INSTALLATION • 1 minute
Installez-vous sur l'estrade ou au bureau, ou dans un coin de la pièce. Imaginez-vous que la pièce est traversée par une montagne, que votre interlocuteur ou interlocutrice du dernier rang est de l'autre côté de cette montagne mais qu'il ou elle doit tout de même vous entendre.

ÉTAPE 2 • LE DISCOURS • 5 minutes
Lancez-vous dans votre présentation. Vos camarades ou vos proches vous arrêtent dès qu'ils ou elles n'ont pas entendu ou compris un mot.

ÉTAPE 3 • LES AJUSTEMENTS
Reprenez et ajustez le volume jusqu'à ce que chaque personne présente comprenne parfaitement ce que vous dites. Vous avez réussi si personne ne vous arrête avant la fin de votre présentation.

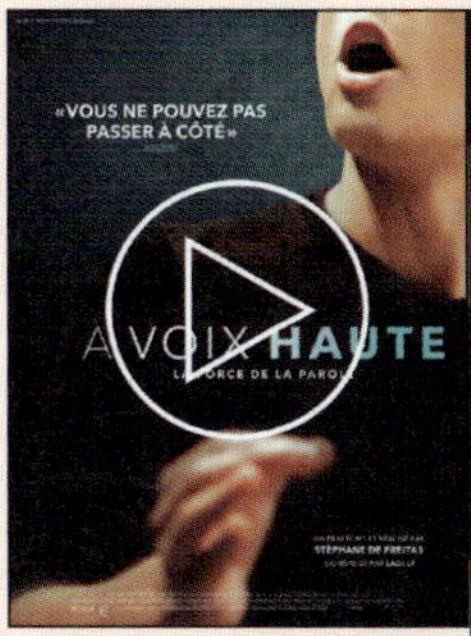

La chaise rouge 00:07:45

Bertrand Périer demande à Leïla de parler à « la chaise rouge » à l'autre bout de la salle.

Comparez les premières et les dernières prestations des étudiants dans le documentaire et vous pourrez constater leurs progrès 00:50:22

Bertrand Périer fait faire l'exercice de la montagne aux étudiants pour les entraîner à parler plus fort.

RALENTISSEZ VOTRE DÉBIT

Le jour de l'épreuve, vous devez prendre votre temps. C'est votre moment. Vous devez occuper pleinement l'espace avec votre parole. Mais attention, la priorité, c'est de porter une parole claire. Alors, mieux vaut enlever un argument ou un exemple pour vous permettre de dérouler correctement tous les autres que de chercher absolument à placer toutes les idées qui vous viennent à l'esprit.

Chronométrez-vous bien pendant vos entraînements et soyez intraitable : si c'est trop long, coupez.
Visez un texte de 4 minutes et 45 secondes. Cela vous rassurera de savoir que vous avez un peu de temps et vous donnera le sentiment que pouvez prendre le temps nécessaire.

EXERCICE

—

La ponctuation du silence

—

COMPÉTENCES TRAVAILLÉES : **la maîtrise du corps et de la voix.**

OBJECTIF : **introduire des silences pour faire respirer votre texte et calmer vos émotions.**

NOMBRE DE PERSONNES : **1 personne.**

DURÉE TOTALE : **15 minutes.**

Cette ponctuation vous permettra de prononcer un texte aéré, qui sera plus facile à suivre pour votre jury et aussi de vous calmer, de reprendre votre souffle si besoin est, et vous assurera la maîtrise de votre présentation.

ÉTAPE 1 • LES VIRGULES • 5 minutes
Dites votre texte en marquant pour chaque virgule une pause d'une seconde.

ÉTAPE 2 • LES POINTS • 5 minutes
Dites votre texte en marquant pour chaque point, une pause de deux secondes.

ÉTAPE 3 • LES POINTS ET LES VIRGULES • 5 minutes
Dites votre texte en marquant à la fois les pauses pour les virgules et pour les points.

VARIEZ LE VOLUME ET L'INTENSITÉ

Un débit clair ne doit pas pour autant être monotone. Votre voix doit être le miroir de votre texte : elle doit être plus forte si vous parlez d'un fait qui vous révolte, peut-être plus feutrée si vous voulez attirer l'attention sur la subtilité d'un argument.
En somme, vous devez moduler votre voix pour qu'elle soit au service de votre texte. Elle n'est pas juste un moyen de dire quelque chose, elle doit vous permettre de le dire de façon juste. Vous allez faire passer quantité d'informations, et peut-être d'émotions, lors de votre prise de parole : votre voix doit les mettre en valeur.

EXERCICE

Les points cardinaux de la déclamation

COMPÉTENCES TRAVAILLÉES : la créativité ; la maîtrise du corps et de la voix ; l'introspection.

OBJECTIF : apprendre à déclamer avec justesse, pour respecter les intentions de votre texte.

NOMBRE DE PERSONNES : minimum 1 personne + le public.

DURÉE TOTALE : 10 minutes.

Pour bien déclamer, il faut prendre son temps et maîtriser le rythme et le ton. Pour cela, il faut connaître parfaitement son texte et le ressentir pour savoir quand accélérer, ralentir, s'arrêter, repartir. N'hésitez donc pas à jouer avec les silences et les tonalités fortes.
Le schéma des points cardinaux de la déclamation permet de s'entraîner à maîtriser sa voix. Il met en évidence les valeurs opposées sur deux axes différents

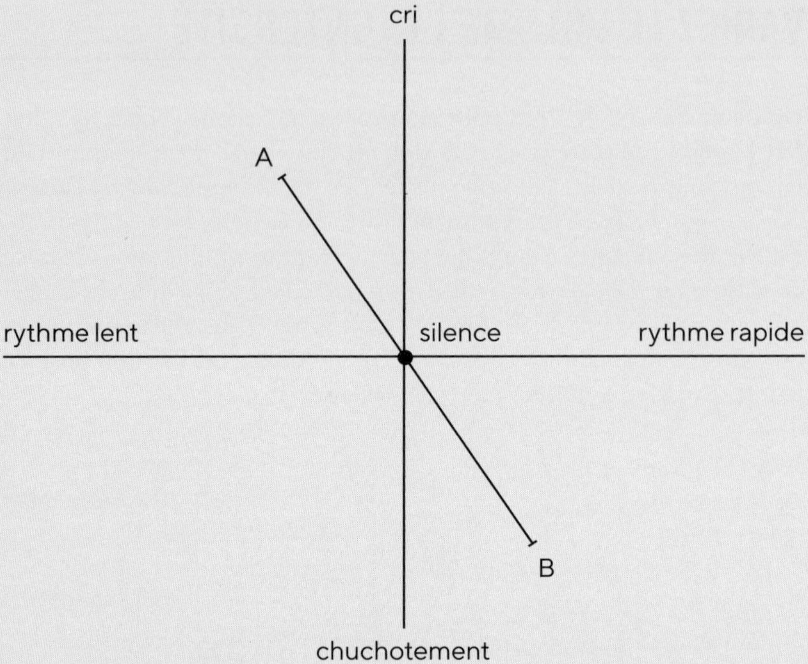

Si le silence a toute sa place dans l'expression, ce schéma tient seulement compte des sons qu'on émet. Des mots qu'on déclame. Rapidement ou lentement. En criant ou en chuchotant. Ainsi que des variations, ascendantes ou descendantes, qu'on utilise pour jouer avec ces valeurs.

Quand on déclame, on affirme des valeurs sur ces deux axes, de manière simultanée. Ainsi, à un instant T de la déclamation, correspondant à une syllabe, la voix se trouve à un endroit précis sur le schéma, tel que l'expriment les points A et B.

Si on doit analyser l'ensemble d'un discours, l'oratrice ou l'orateur qui se situera autour du point B aura, en principe, moins de chances d'accrocher les esprits, contrairement à celui ou celle qui, globalement, se situera autour du point A. Mais attention, il s'agit là de principes et non de vérités absolues.

L'oratrice ou l'orateur, conscient·e de l'importance de ces valeurs, cherchera une maîtrise totale de son rythme et de son ton pour servir le discours. Elle ou il essaiera de l'exploiter dans chaque espace qu'offre ce schéma.

LE CHAMP DE LA DÉCLAMATION

Tout le champ de la déclamation est à connaître pour apprendre à déclamer avec justesse et pour respecter les intentions de votre texte. Toutes les valeurs (cri, chuchotement, lent, rapide) sont à expérimenter de manière graduelle :

– Utiliser le cri, ou ce qui en approche, peut étonner, réveiller, mais aussi susciter le rejet.

– Employer le chuchotement peut amener de la douceur, une confidence, ou, en plein discours, permet de solliciter la concentration d'un public turbulent. Mais en l'employant à mauvais escient, on prend le risque de perdre l'attention de l'audience.

– Le rythme lent est un rythme qui permet de faire résonner chacun des mots ; son rythme est encore plus lent que celui de la ponctuation du silence. → Ralentissez votre débit, p. 161 Le rythme lent permet de se poser et d'avoir un ton solennel.

– Le rythme rapide peut subvenir en cas de stress. Mais il peut aussi être volontaire, pour marquer l'importance d'un propos, l'intensifier, exprimer une urgence ou donner un maximum d'explications et d'illustrations pour une même idée. Il s'accompagne parfois d'un ton plus fort.

> Attention de ne pas abuser des rythmes lent ou rapide. Ce sont des rythmes qu'il ne faut pas utiliser plus longtemps que pour défendre un argument. Passée cette durée, votre propos pourrait ne plus être intelligible et votre ton pourrait ennuyer ou déconcentrer votre auditoire. Le rythme conseillé est celui de la ponctuation du silence car il permet de dérouler les propos avec le bon rythme, la bonne diction, la bonne prononciation.

ÉTAPE 1 • DÉCLAMEZ UN TEXTE • 5 minutes

Prenez un texte et lisez le seul·e devant un miroir ou en présence de camarades ou proches qui vont vous donner des indications concernant les points cardinaux de la déclamation (« plus fort, moins fort, plus lentement, au ralenti, plus vite, accélère, etc. »).
Si l'approche peut paraître perturbante au début, on s'y adapte vite, à condition de lâcher prise.

ÉTAPE 2 • LE CRI ET LE CHUCHOTEMENT

Pour jouer avec les points cardinaux, vous pouvez aussi déclamer un poème ou n'importe quel texte à votre disposition (une demi-page dans un livre), en alternant une phrase (ou un vers) criée, avec une phrase (ou un vers) chuchotée.

Variez les rythmes :

- d'abord un rythme normal, celui de la parole quotidienne ;
- puis en allant plus lentement ;
- encore plus lentement et en comptant mentalement 3 secondes après chaque vers ou phrase ;
- encore plus lentement et en comptant mentalement 6 secondes après chaque vers ou phrase ;
- en allant au ralenti et en observant 9 secondes après chaque vers ou phrase.

Cet exercice permet de trouver naturellement un ton plus adapté pour prendre la parole. Au quotidien, on peut avoir l'intention de parler relativement fort, et dans les faits, parler trop doucement.
Se contenter de dire les choses n'est pas suffisant. Il faut mettre tous les moyens en œuvre pour permettre à l'auditoire de vous comprendre avec le meilleur des conforts possibles.
N'oubliez pas que, lorsque vous vous exprimez, vous vous mettez au service d'une idée, pour la faire exister. Ne vous perdez pas dans la facilité consistant à dire : « C'est mon style ! Je parle doucement… ».
Quand vous portez un texte à l'oral, il s'agit de faire le maximum pour permettre à l'idée d'atteindre son but.

N'AYEZ PAS PEUR DU SILENCE

Occuper l'espace par sa parole, ce n'est pas la saturer. Votre texte a besoin, comme vous, de respirer. Il a besoin de silences.
Le silence est souvent vu comme l'ennemi de l'orateur ou de l'oratrice. Or, bien utilisé, le silence est votre allié. Si vous laissez quelques secondes de blanc après une phrase, cela accentue la force de ce que vous venez de dire. Cela remobilise aussi l'interlocuteur ou l'interlocutrice si jamais il ou elle était en train de se déconcentrer. Distiller ces silences vous permet de scander votre texte, d'imposer votre rythme.
→ Ralentissez votre débit, p. 161

Quand vous vous entraînez, pensez à laisser au moins un silence entre la fin de votre introduction et le début de votre argumentation, et entre la fin de votre argumentation et votre conclusion.
Ces quelques secondes de pause, vous permettront de reprendre votre souffle. Cela donnera aussi au jury des signaux qui l'aideront à suivre votre propos. Voyez, ensuite, dans le cœur de votre discours, en fonction de vos idées et de vos transitions, si cela s'y prête. Il n'y a pas de nombre maximum de silences à placer, utilisez les silences dès que cela vous sert.

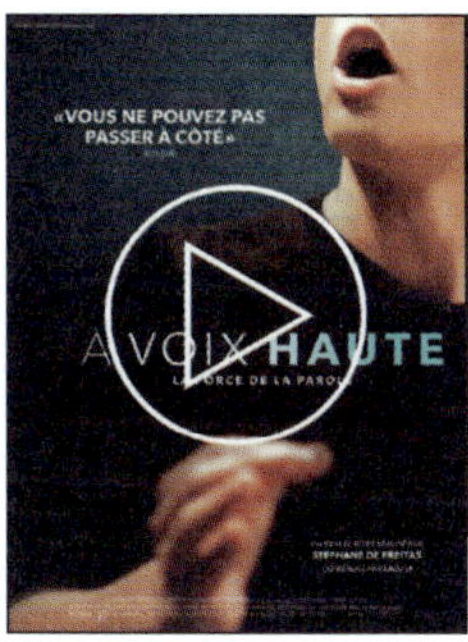

Au début de son discours, Ouanissa propose un exorde qui contient un trait d'humour 01:01:47

Le public se met à rire, Ouanissa laisse un court silence, pour laisser la place à ce rire et à la blague le temps d'infuser dans les esprits de tous.
Le public reprend ensuite l'écoute du discours avec un *a priori* forcément positif.

LES TICS DE LANGAGE

Pendant votre entraînement, soyez attentif ou attentive aux scories qui reviennent régulièrement chez vous : « euh », « bah » ou les expressions béquilles comme « du coup », « en fait » ou encore « voilà » en guise de conclusion, sont à bannir ! Essayez d'en chasser un maximum, votre texte gagnera en clarté.

EXERCICE

—

La tête à claps

—

COMPÉTENCES TRAVAILLÉES : la maîtrise du corps et de la voix.

OBJECTIF : faire la chasse aux tics de langage.

NOMBRE DE PERSONNES : 1 personne + minimum 1 personne pour le public.

DURÉE TOTALE : 5 minutes.

- Présentez votre question et dès que vous prononcez un « euuuuuuh » ou tout autre tic de langage pour combler un silence ou une hésitation, l'auditoire doit taper dans ses mains deux fois.
- Quelqu'un dans l'auditoire compte le nombre de claps.
- Il faut refaire l'exercice plusieurs fois, régulièrement, pour éliminer progressivement les tics de langage.
- Faites la liste de vos tics de langage les plus fréquents et tentez de les éliminer progressivement.

MINI-LIENS minilienrobert.com/1GT14

2

VOTRE CORPS, VOTRE INSTRUMENT

Comme votre voix, votre corps doit être votre instrument pendant votre prise de parole. Traitez-le correctement pour être dans les meilleures conditions : au cours de l'année de Terminale et particulièrement dans les semaines qui précèdent le Grand Oral, veillez à bien dormir, à faire du sport pour évacuer le stress et à conserver l'alimentation la plus équilibrée possible. Et n'oubliez pas de vous détendre !

Un conseil valable pour tous les exercices : il arrive très souvent que de multiples gestes nerveux apparaissent chez l'orateur ou l'oratrice. Cela peut être une instabilité générale avec piétinements, « coups de tête » en avant sur des mots-clés, mains qui s'agitent, etc. Lorsque vous répétez votre présentation, demandez à un de vos proches ou de vos camarades de vous tirer doucement les cheveux au sommet du crâne pour vous aider à vous grandir. Ce simple alignement va dégager la colonne d'air et faire sonner la voix : l'expression sera « nettoyée », plus claire et efficace.

SOIGNEZ VOTRE POSTURE

Mieux vous vous tiendrez, mieux vous respirerez. Mieux vous respirerez, mieux vous parlerez. Non seulement de façon plus intelligible, parce que vous aurez tout simplement plus d'air à votre disposition, mais aussi de façon plus sereine, parce qu'en respirant bien, vous vous sentirez mieux.

> Lorsque l'on parle de la posture d'orateur ou d'oratrice, il faut avant tout parler d'une posture de base qui consiste à se tenir droit comme un T. Bien droit avec les épaules bien hautes qui forment un T. Les pieds bien ancrés au sol et parallèles aux épaules.
> Si on se déplace au cours de l'exposé c'est au maximum d'un ou deux pas (devant, derrière, à gauche ou à droite) et à chaque fois on marque un temps d'arrêt. Car si on ne s'arrête pas, on donne le sentiment de bouger dans tous les sens.

Quand vous répétez, avant de vous lancer, faites régulièrement l'exercice de Pierre Deryçke « S'échauffer et trouver son corps d'orateur ou d'oratrice ». Il vous permet de calmer votre respiration, d'ajuster votre posture et de dégager votre colonne d'air pour faire sonner au mieux votre voix.

EXERCICE

S'échauffer et trouver son corps d'orateur ou d'oratrice

COMPÉTENCES TRAVAILLÉES : la maîtrise du corps et de la voix ; l'introspection.

OBJECTIFS : préparer votre corps, votre souffle et votre voix pour une prise de parole.

NOMBRE DE PERSONNES : 1 personne.

DURÉE TOTALE : 15 minutes.

ÉTAPE 1 • DÉTENDEZ LE HAUT DU CORPS • 3 minutes

Décrivez lentement des cercles avec les épaules, dans les deux sens, en respirant. Progressivement, accroissez l'amplitude du mouvement et sentez la souplesse gagnée. Détendez votre cou en décrivant des demi-cercles avec la tête, en passant d'une épaule à l'autre, sans la basculer en arrière. Respirez profondément.

ÉTAPE 2 • RETROUVEZ LA RESPIRATION BASSE • 2 minutes

Aplanissez votre dos contre un mur en supprimant la cambrure. Vérifiez que le haut du dos est aussi plaqué contre le mur, et décontractez les épaules.

Dans cette position, fermez les yeux et trouvez une respiration apaisante, proche de celle du sommeil. Le visage est entièrement détendu et immobile, la bouche s'ouvre légèrement.

Le ventre devrait naturellement se synchroniser avec la respiration. Si ce n'est pas le cas, soufflez dans une paille imaginaire pendant les expirations puis relâchez la bouche pendant les inspirations.

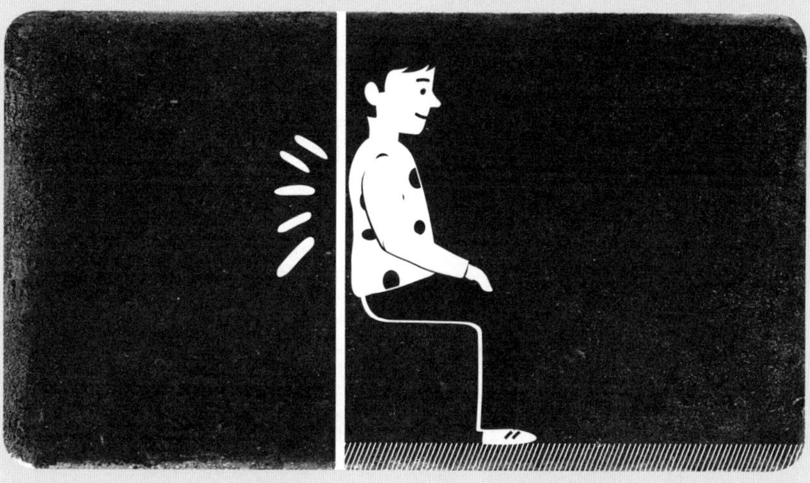

ÉTAPE 3 • POSEZ LE SON SUR LE SOUFFLE • 3 minutes

En posture contre le mur, maintenez une bande de papier à 20 cm de la bouche. Soufflez sur le papier en prononçant la lettre U. Maintenez une pression d'air régulière de sorte que la bande de papier, repoussée par le souffle, garde autant que possible la même position pendant toute l'émission du son. Variez les durées et les hauteurs, en navigant du plus grave au plus aigu.

ÉTAPE 4 • RESPIREZ EN POSTURE • 3 minutes

Hors du mur, ajustez la posture : pieds parallèles et très légèrement écartés, épaules détendues, sommet du crâne tiré vers le ciel et torse ouvert. Vous devez vous sentir non seulement grandi·e, mais plus vif ou plus vive, plus disponible. Remontez le sommet du crâne (a). Conséquemment, votre nuque va s'allonger (b) et votre menton très légèrement rentrer vers votre cou (c).

En gardant la posture, imaginez que vos bras sont les leviers d'une pompe. Montez-les à l'horizontale en prenant une belle inspiration. Au moment de les rabaisser, sonorisez votre souffle en vidant vos poumons de l'air inspiré. Le son émis doit vous évoquer le soulagement, un peu comme lorsqu'on bâille de manière impolie en faisant du bruit.
Le mouvement des bras et de l'air étant parfaitement synchronisé, variez la durée des sons en modifiant le mouvement des bras (faites des moulinets d'avant en arrière, puis d'arrière en avant, tendez-les devant vous puis relâchez-les).

ÉTAPE 5 • AJUSTEZ LA VOIX • 2 minutes
Prononcez les phrases ci-dessous en ajustant le volume sur la taille des lettres. Trouvez le maximum d'amplitude.

JE SUIS VENU·E ICI POUR M'EXPRIMER.

JE SUIS VENU·E ICI
POUR M'EXPRIMER.

JE SUIS VENU·E ICI POUR M'EXPRIMER.

JE SUIS VENU·E ICI POUR M'EXPRIMER.

JE SUIS VENU·E ICI
POUR M'EXPRIMER.

JE SUIS VENU·E ICI POUR M'EXPRIMER.

JE SUIS VENU·E ICI POUR M'EXPRIMER.

JE SUIS VENU·E ICI POUR
M'EXPRIMER.

JE SUIS VENU·E ICI
POUR M'EXPRIMER.

Attention, au moment de parler fort, il ne faut pas crier. Restez dans vos médiums, c'est-à-dire soutenez la voix sans partir dans les aigus.
Si toutes les étapes de cet échauffement ont bien été réalisées, la voix est chauffée et assouplie, le son est plus riche.
N'hésitez pas à faire cet exercice avant votre Grand Oral.

DEBOUT OU ASSIS·E ?

Pendant le premier temps de l'épreuve, vous devez présenter votre question debout. Pour les deuxième et troisième temps d'échange avec le jury, vous avez le choix entre rester debout ou vous asseoir. Les deux postures ont leurs avantages et leurs inconvénients.

	Position debout	**Position assise**
Avantages	– Permet une meilleure occupation de l'espace (permet de légèrement se déplacer) – Facilite la respiration : vous formez une colonne d'air – Permet une meilleure attraction de l'attention (vous occupez plus de place)	– Peut sembler plus naturelle pour mener une discussion (lors des deuxième et troisième temps de l'oral) – Permet de moins vous préoccuper de votre corps (où placer vos mains, ne pas balancer votre corps) – Permet de relâcher vos jambes – Permet de poser les mains sur la table et éviter qu'elles s'agitent – Peut favoriser la concentration
Inconvénients	– Peut être plus stressante – Peut vous déconcentrer plus rapidement	– Vous courez le risque d'être avachi·e – La présentation peut être moins vivante, plus statique

Écoutez-vous. Faites des essais pendant vos répétitions et essayez de trouver la posture qui vous est la plus confortable pour les deuxième et troisième temps.

> Pour vous entraîner à parler debout sans trop bouger, placez des repères au sol, pendant vos répétitions.
> Vous devez rester au maximum pieds parallèles, droit·e comme un T, épaules alignées avec votre bassin. Relâchez vos genoux, vos épaules, sentez-vous ancré·e au sol.
> Vous voir trop bouger (vous balancer par exemple) crée, à l'instar des tics de langage, des scories qui peuvent distraire et déranger le jury.

SERVEZ-VOUS DE VOS MAINS

Le jour de l'épreuve, le jury vous regardera autant qu'il vous écoutera. Votre corps est très éloquent, en particulier vos bras et vos mains. C'est ainsi, vous n'êtes pas qu'un esprit qui pense, vous êtes un corps qui expose cette pensée.
Nous sommes nombreux à « parler avec les mains », sans même nous en rendre compte. Si c'est votre cas, ne cherchez pas à les faire taire. Servez-vous en pour appuyer votre propos, et faire vivre votre texte, pour relier vos mots au jury devant lequel vous les exposez. Cela peut justement lui transmettre votre enthousiasme, votre énergie. Évitez cependant les postures de fermeture, comme les bras croisés.

Quelques principes sur le langage des mains :
– **Les mains sur le pupitre :** en présence d'une table, n'hésitez pas à poser régulièrement les mains de part et d'autre du meuble et à vous y appuyer.
– **Les doigts croisés (ou les mains enveloppées) au niveau du diaphragme :** c'est la position « refuge » pour les mains, une position neutre à adopter lorsque vous n'en avez pas besoin. Elle est d'autant plus utile lorsque vous n'avez pas de pupitre en face de vous.

– **Utiliser vos mains pour appuyer le texte :** les gestes doivent être coordonnés avec l'intonation du discours.Lorsque le rythme du discours ralentit, inutile de trop gesticuler. Quand, en revanche, le timbre de la voix devient plus grave et monte en puissance, vous pouvez l'accompagner par des gestes des mains plus amples.
– **Mains ouvertes et tournées vers l'auditoire :** ce geste signifie que vous souhaitez établir un lien avec lui, que vous invitez le public à s'emparer de ce que vous dites. C'est la posture des mains la plus utilisée avec la posture « refuge ».

EXERCICE

Les gestes

COMPÉTENCES TRAVAILLÉES : la maîtrise du corps et de la voix.

OBJECTIF : maîtriser votre gestuelle.

NOMBRE DE PERSONNES : 2 personnes + minimum 1 personne pour le public.

DURÉE TOTALE : 3 à 6 minutes.

ÉTAPE 1 • LE THÈME • 1 minute
Définissez un thème pour une prise de parole improvisée : vos dernières vacances, le dernier film ou la dernière série que vous avez vu, etc.

ÉTAPE 2 • L'INSTALLATION • 1 minute
Installez-vous l'un·e derrière l'autre. Aidez-vous des extraits d'*À voix haute* mentionnés ci-contre pour trouver la bonne position.
Le public se place devant vous.

ÉTAPE 3 • L'IMPROVISATION • 3 minutes
Celui ou celle qui est devant se lance dans son improvisation. Celui ou celle qui est derrière doit accompagner le discours des gestes adéquats, qui vont illustrer le propos au mieux.

ÉTAPE 4 • LE BILAN • 1 minute
Le public doit vous dire si gestes et paroles se sont effectivement complétés !

Inversez ensuite les rôles.

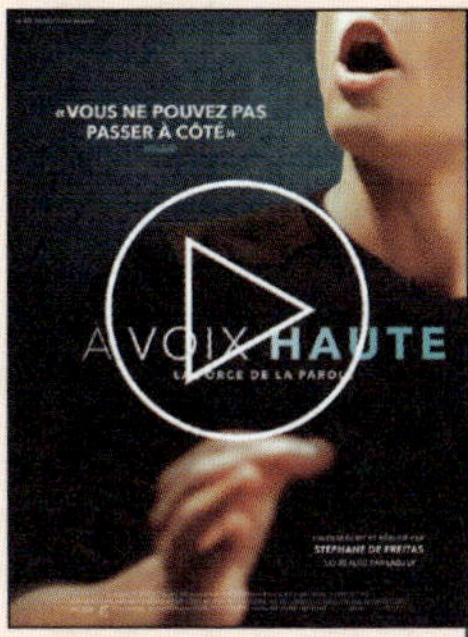

Les bras d'autrui 00:08:45

Camélia se place derrière Leïla, qui doit rester immobile, bras le long du corps. Camélia doit alors improviser les gestes qui illustrent le propos de Leïla, « comme si elle était ses bras ».

La boxe 00:49:55

Yacine et Elhadj font la même chose sur le thème de la boxe. Cela permet de distinguer les gestes les plus pertinents pour appuyer un discours.

SERVEZ-VOUS DE VOTRE REGARD

Vous ne pouvez pas baisser les yeux vers vos notes, vous n'en avez pas. Il ne vous reste plus qu'à plonger dans le regard de votre jury. Allez-y sans freins !
Établir ce contact visuel est très précieux, il vous garantit la pleine attention de votre interlocuteur ou interlocutrice. De votre côté, cela vous permet de vous ancrer quelque part, de ne pas laisser divaguer votre regard, et donc potentiellement votre esprit.

- Pensez à regarder autant les deux membres du jury.

EXERCICE

Le jeu du regard

COMPÉTENCES TRAVAILLÉES : **la maîtrise du corps et de la voix.**

OBJECTIF : **soutenir le regard de votre interlocuteur ou interlocutrice.**

NOMBRE DE PERSONNES : **2 personnes + minimum 1 personne pour le public.**

DURÉE TOTALE : **13 minutes.**

ÉTAPE 1 • **EN SILENCE** • 3 minutes

Placez-vous l'un en face de l'autre et sans parler, regardez-vous dans les yeux, pendant trois minutes. Utilisez un minuteur ou un réveil pour éviter de détourner le regard pour vérifier le temps.

ÉTAPE 2 • **AVEC LE TEXTE** • 5 minutes

Reculez de trois pas, à une distance comparable à celle que vous installerez avec votre jury le jour J. Puis lancez-vous dans votre présentation en essayant de ne pas quitter votre interlocuteur ou votre interlocutrice du regard.

ÉTAPE 3 • **FACE AU JURY** • 5 minutes

Pour être dans les conditions du Grand Oral, demandez ensuite à une personne supplémentaire de s'installer face à vous. Lancez-vous dans votre discours, en faisant attention à balayer les deux personnes du regard. L'une des deux pourra jouer le rôle du jury captivé et l'autre, du jury dissipé, qui soupire, regarde son téléphone... Vous ne devrez pas vous déconcentrer et vous devrez aller au terme de votre présentation.

Inversez les rôles et recommencez.

Ces remarques valent pour tous les temps de l'oral. Quand on pose une question à quelqu'un, la connexion est plus forte si celui-ci vous répond en vous regardant dans les yeux.
Néanmoins, si vous êtes impressionné·e, ne vous forcez pas. Cherchez alors à accrocher le regard du jury pendant quelques secondes, le plus souvent possible, notamment pour vérifier qu'il vous suit bien.

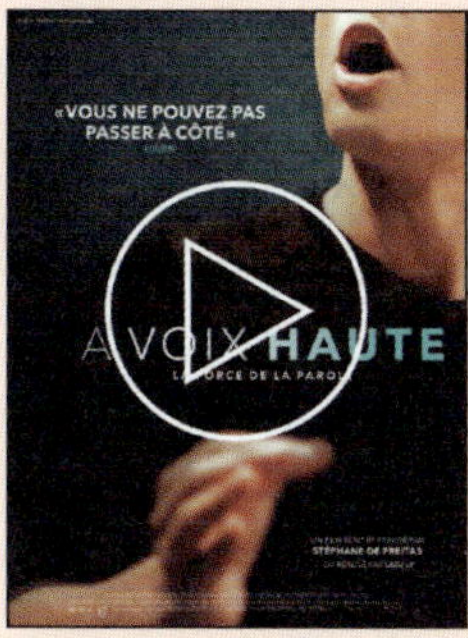

L'importance du regard 00:49:06

Bertrand Périer explique à Camélia que « le regard, c'est le pouvoir ».

SOURIEZ !

Vous passez un examen, ce n'est pas un drame ! Soyez content·e d'être là, de montrer votre travail. Souriez le plus souvent possible, quand votre propos s'y prête, mais aussi en cas de trou de mémoire. Comme le regard, le sourire établit une connexion positive avec le jury. Le sourire aura aussi des répercussions sur votre voix : vous parlerez de façon plus détendue, plus naturelle.

> Filmez-vous pendant vos répétitions. En regardant les vidéos, vous verrez si vous souriez, ou non. Il sera alors encore temps de rectifier le tir.

➔ **Vous passez l'oral bientôt et il vous reste des points à améliorer ? Vous parlez toujours trop vite ? Vous ne regardez pas suffisamment le jury ? Pas de panique. Pour vous rassurer, établissez une liste de vos points de vigilance : « penser à sourire », « articuler », « éviter les euh », etc. Cette liste est la vôtre, elle fonctionne pour vous et pas forcément pour votre meilleur·e ami·e. Quand vous vous entraînez, passez-la en revue. Vous saurez qu'il faut prêter attention à ces points en vue du jour J.**

MINI-LIENS minilienrobert.com/1GT14

4

APPRENEZ À GÉRER VOS ÉMOTIONS POUR LE JOUR J

Parler en public génère du stress. C'est donc tout à fait normal que vous en ressentiez aussi à l'idée de présenter votre Grand Oral. Cette épreuve est nouvelle pour vous, acceptez-le. À l'image du trac du comédien, qui ne l'empêche pas de monter sur scène, ce stress doit être un moteur.

ÉVACUEZ LE STRESS

Prendre la parole en public provoque généralement des émotions fortes avant ou après le discours : le stress, l'angoisse, l'anxiété, ou à l'inverse, l'euphorie et l'excitation. Parfois, toutes ces émotions se mélangent. Pourtant, l'orateur ou l'oratrice doit parvenir à les maîtriser car elles peuvent le ou la paralyser ou lui faire perdre le fil de son propos.

La respiration abdominale

Le stress est un état subi. Quand vous stressez, vos amis vous disent peut-être : « Ne stresse pas ! » Et vous savez bien que cela n'arrange rien… au contraire.
Le seul moyen de calmer son rythme cardiaque, c'est la respiration.
La respiration, c'est l'essence dans le moteur de l'orateur ou l'oratrice. Elle permet de porter sa voix, mais aussi de maîtriser ses émotions. Bien inspirer, bien expirer permet de reprendre pleinement possession de son corps. Le jour J, pour calmer ce stress et vous concentrer sur votre oral, pratiquez la respiration abdominale quelques minutes avant d'entrer dans la salle d'examen. Exercez-vous régulièrement au cours de l'année dès que vous en ressentez le besoin.

EXERCICE

La respiration abdominale

COMPÉTENCES TRAVAILLÉES : la maîtrise du corps et de la voix

OBJECTIF : se détendre avant une prise de parole

NOMBRE DE PERSONNES : 1 personne.

DURÉE TOTALE : 2 à 3 minutes.

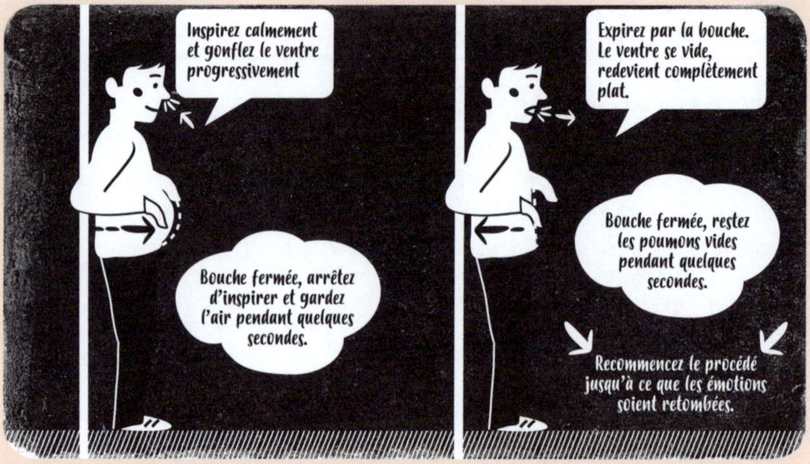

ÉTAPE 1 • BOUCHE FERMÉE, MAIN SUR LE VENTRE, INSPIREZ PAR LE NEZ
Le ventre se gonfle naturellement. Inspirez calmement et gonflez le ventre progressivement.

ÉTAPE 2 • BOUCHE FERMÉE, ARRÊTEZ D'INSPIRER ET GARDEZ L'AIR PENDANT QUELQUES SECONDES

ÉTAPE 3 • EXPIREZ LENTEMENT PAR LA BOUCHE
Le ventre se vide, redevient complètement plat.

ÉTAPE 4 • BOUCHE FERMÉE, RESTEZ LES POUMONS VIDES PENDANT QUELQUES SECONDES

ÉTAPE 5 • RECOMMENCEZ LE PROCÉDÉ JUSQU'À CE QUE LES ÉMOTIONS SOIENT RETOMBÉES

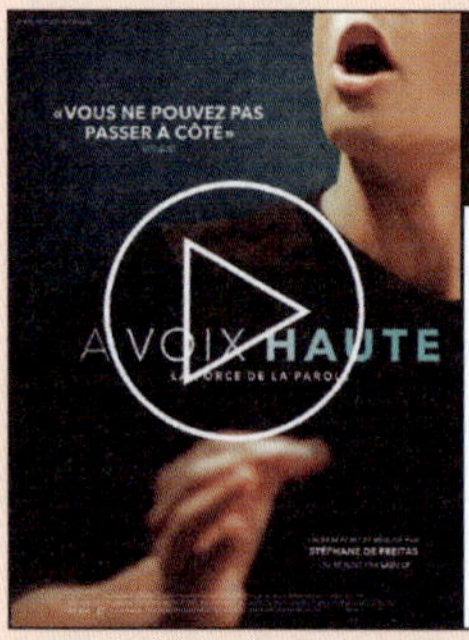

Pierre Derycke montre cette respiration aux étudiants d'Eloquentia 00:19:00

Cet extrait permet de comprendre comment gonfler et dégonfler le ventre, dans un geste presque mécanique. Si vous souhaitez calmer votre rythme cardiaque, pensez à pratiquer cette respiration abdominale tranquillement et à rester poumons vides quelques secondes avant de recommencer.

La méditation

Au cours des ateliers Eloquentia, lorsque le temps nous le permet, nous initions les participant·es à une séance de méditation, en leur demandant de s'allonger sur leur table ou sur le sol, puis de s'adonner à la respiration abdominale. Au fur et à mesure, ils et elles ralentissent le rythme de leur respiration. Le formateur ou la formatrice leur demande alors de visualiser des scènes de leur vie, des souvenirs, des images mentales positives, sources de joie ou de plaisir. Peu à peu, les élèves font abstraction de ce qui les entoure. Ils et elles se retrouvent alors dans une bulle, calmes, détendu·es. Certain·es finissent même par s'endormir. Il arrive que des candidat·es des concours Eloquentia, ainsi que des managers et manageuses et des dirigeant·es en entreprise, utilisent cette technique pour se détendre avant de prendre la parole, pour se mettre dans les meilleures conditions possible.

EXERCICE

La méditation

COMPÉTENCES TRAVAILLÉES : **la maîtrise du corps et de la voix ; l'introspection.**

OBJECTIF : **trouver la sérénité avant de prendre la parole.**

NOMBRE DE PERSONNES : **minimum 1 personne + 1 personne qui mène la méditation.**

DURÉE TOTALE : **30 minutes.**

ÉTAPE 1 • **INSTALLATION** • 2 minutes

La personne qui mène la méditation demande de s'allonger au sol ou, si vous êtes chez vous, sur un canapé ou un lit. L'idée est que vous vous sentiez à l'aise.
Si vous faites l'exercice à plusieurs, tenez-vous quelque peu à distance les un·es des autres pour ne pas vous toucher pendant la méditation.

ÉTAPE 2 • LA MÉDITATION • 28 minutes
La méditation se déroule en quatre temps.

Temps 1 • La respiration abdominale • 7 minutes
Celui ou celle qui mène la méditation demande à ce que vous fermiez les yeux et vous vous détendiez comme si vous alliez vous endormir. Ensuite, il ou elle vous demande de placer vos mains sur le ventre et de constater l'apparition de la respiration abdominale. → La respiration abdominale, p. 181 Il ou elle vous demande de ralentir progressivement le rythme de la respiration et de prendre conscience de l'air que vous inspirez et que vous expirez.

Temps 2 • Le poids du corps • 7 minutes
Toujours en train de respirer par le ventre, vous êtes invité·e par celui ou celle qui mène la méditation à prendre conscience du poids de votre corps. Des pieds, des talons, des mollets, des cuisses, des mains, des biceps, des épaules ou encore du crâne qui sont en contact avec le sol. Il vous invite à présent à ralentir encore plus le rythme de votre respiration si bien que vous vous trouvez dans un profond silence.

Temps 3 • La pensée positive • 7 minutes
Celui ou celle qui mène la méditation vous demande de songer à un souvenir d'enfance ou à un moment où vous avez ressenti une grande joie dans votre vie. Il ou elle vous demande de visualiser cet instant et de vous replonger dans cette émotion-là. Pendant 2 à 3 minutes, il ou elle ne dit plus un mot. C'est le moment où il peut arriver que certaines personnes qui pratiquent la méditation s'endorment, notamment si la séance a lieu de bon matin.

Temps 4 • Le réveil • 7 minutes
Celui ou celle qui mène la méditation vous demande ensuite de bouger progressivement les extrémités de vos membres et de revenir à vous. Puis il ou elle vous demande de vous concentrer sur un son qu'il y a dans la salle ou à l'extérieur. Enfin, il ou elle vous demande d'ouvrir les yeux, pour finalement vous redresser, et vous étirer si vous le souhaitez.

CONSEILS POUR LE JOUR J

Épargnez-vous un stress inutile avant l'épreuve, essayez d'être prévoyant·e :
– Préparez vos affaires la veille : pièce d'identité, convocation, liste officielle des deux questions préparées, notes, une bouteille d'eau, de quoi écrire, des boules quies pour vous isoler du bruit pendant la préparation, une montre non connectée.
– Prévoyez toujours d'arriver en avance à l'examen : vous pourrez ainsi éviter un stress supplémentaire, prendre le temps de repérer votre salle de passage, surtout si vous ne passez pas l'oral dans votre établissement.
– Mettez-vous dans votre bulle : écoutez une musique que vous aimez, regardez un sketch qui vous fait rire, évitez les réseaux sociaux, etc. Ainsi, vous éviterez de vous engouffrer immédiatement dans l'atmosphère de l'examen ou de vous faire parasiter par les retours des camarades qui seraient passé·es avant vous. Vous aurez tout le temps d'en parler ensemble quand l'épreuve sera terminée.

> Si vous passez les épreuves dans votre lycée, vous pouvez vous isoler au CDI par exemple, ou dans un endroit du lycée dans lequel vous vous sentez bien.

– Cinq minutes avant l'heure à laquelle vous devez vous présenter à l'examen, rapprochez-vous de votre salle de passage et pratiquez tranquillement la respiration abdominale.
Attention : vous devez vous présenter à l'examen avant votre horaire de passage, cela devrait être indiqué sur votre convocation.

➔ **Libre à vous de réviser jusqu'à la dernière minute (ou presque) ou de vous arrêter l'avant-veille. Chacun fonctionne différemment sur ce point. Si cela vous rassure de réviser vos fiches juste avant, allez-y.**

Optimisez les 20 minutes de préparation

Une fois que le jury vous a attribué une de vos deux questions, vous avez 20 minutes de préparation.
Ce temps va vous permettre de vous remémorer votre travail et de préparer votre support écrit, si vous en avez un.

ÉTAPE 1 • REMÉMOREZ-VOUS VOTRE FICHE DE MOTS ET ÉCRIVEZ-LA • 5 minutes ➔ La fiche de mots, p. 148
Cette étape va vous remettre les idées en ordre et vous assurer que vous maîtrisez bien votre déroulé.

ÉTAPE 2 • PRÉPARER VOTRE SUPPORT ÉCRIT • 10 minutes
Si vous avez fait le choix de proposer un support écrit, prenez 10 minutes pour le préparer. ➔ Préparer le 1er temps : 3. Concevez votre support écrit, p. 121 Comme dit plus haut, vous pouvez aussi choisir de donner votre fiche de mots au jury.
Un support bien préparé peut être un « plus » qui démontre votre investissement et votre organisation.

ÉTAPE 3 • PRÉPAREZ VOTRE TROISIÈME TEMPS • 5 minutes
Gardez-vous cinq minutes pour refaire votre boussole à entretien ➔ La boussole à entretien, p. 151 et vous remémorer votre présentation. Ici aussi vous pouvez faire une fiche de mots. En revanche, vous ne pourrez pas la donner au jury : en effet votre support ne doit porter que sur le premier temps.
S'il vous reste quelques minutes avant la fin de votre temps de préparation, si vous êtes prêt·e et si vous en ressentez le besoin, pratiquez la respiration abdominale pour évacuer le stress qui pourrait venir parasiter votre oral. ➔ La respiration abdominale, p. 181

Soyez bienveillant·e avec vous-même

Vous êtes stressé·e au moment de commencer ? Avouez-le au jury.
En parler vous permettra d'évacuer cette émotion, de l'assumer pour passer à la suite.
Si vous avez pensé à prendre une bouteille d'eau avec vous, n'hésitez pas à boire quelques gorgées si vous en ressentez le besoin avant l'oral et, si le jury vous le propose, entre les différents temps de l'épreuve.
Ne restez pas la bouche sèche, vous hydrater vous détendra, et ces pauses seront bienvenues pour reprendre vos esprits. N'ayez pas peur de ces moments de pause.

Et si vous avez un trou de mémoire ?

Pendant le premier temps

Si vous avez un trou de mémoire, ralentissez la cadence de votre propos et ayez recours à la ponctuation du silence. → Ralentissez votre débit, p. 161 Pas de panique, vous avez travaillé, vous maîtrisez votre sujet, votre texte va revenir.

Si ce trou de mémoire persiste, jouez franc jeu avec vos examinateurs ou examinatrices. Assumez-le. Vous ne passez pas un concours, le jury pourra vous aider à reprendre le fil de votre pensée, notamment grâce à votre support écrit.
Soyez vous-même quand vous assumez. Si votre manière de gérer un aléa comme celui-là, c'est l'humour, allez-y, faites une blague ! C'est peut-être ce dont vous aviez besoin pour faire redescendre la pression et enchaîner.

Pendant le deuxième temps

Si vous séchez devant une remarque sur votre présentation ou une question de cours, ne paniquez pas :
– Prenez le temps de respirer et de rechercher dans votre mémoire.
– Vous pouvez vous concentrer sur un point devant vous, si besoin.
– Demandez éventuellement à vos examinateurs ou examinatrices de préciser leurs questions pour vous aider.
– Si vous ne trouvez pas du tout, assumez-le, pour pouvoir passer à autre chose.

Pendant le troisième temps

Pour votre présentation, appliquez les conseils donnés pour le premier temps.
L'entraînement avec des proches, aux parcours personnels et professionnels variés, vous permettra de préparer solidement cette partie.
Si un examinateur vous fait remarquer que les perspectives d'emploi dans votre métier sont aléatoires, ne perdez pas vos moyens. C'est votre ambition, affichez-la fièrement.
N'hésitez pas à exposer au jury votre démarche de recherche et de réflexion au sujet de votre orientation. Ce recul vous permettra de montrer que vous êtes capable de vous adapter : c'est-à-dire d'ajuster ou de transformer votre parcours en cas d'aléas ou de transformation du secteur professionnel visé. Cela vous permettra aussi de montrer que vous êtes conscient·e qu'il y a peu de chances que vous fassiez le même métier toute votre vie et que vous avez les outils pour redéfinir et transformer votre vie professionnelle au fur et à mesure.
Vous pouvez aussi vous appuyer sur le site de l'OCDE « Les métiers du futur » pour donner votre vision du futur professionnel.
Soyez authentiques ! Pendant l'échange sur votre projet d'orientation, n'hésitez pas à raconter une anecdote personnelle, même si vous ne l'aviez pas forcément prévu dans votre présentation. N'ayez pas peur d'être sincère. Le Grand Oral est un examen formel mais on vous questionne là sur votre avenir ! La sincérité sonnera toujours juste et transmettra un message d'authenticité au jury.

EXEMPLE

Si vous voulez devenir médecin ou faire de la recherche parce que vous avez été affecté·e par la maladie d'Alzheimer de votre grand-mère et que vous avez envie d'en parler – sans pour autant y passer la moitié de votre présentation – allez-y. Si vous le faites, c'est parce que vous vous sentez en confiance.

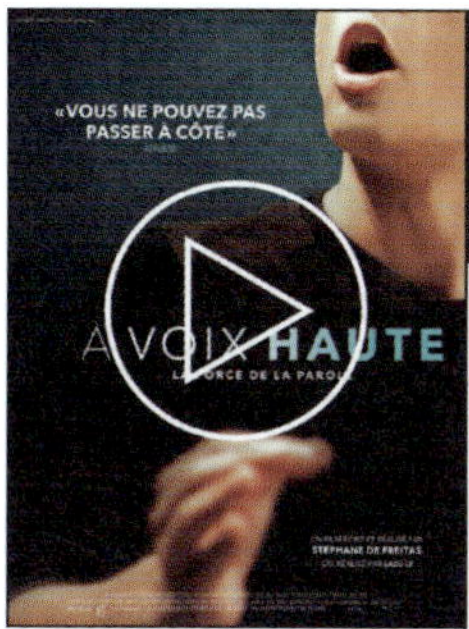

Elhadj, lors de la demi-finale, choisit de parler de l'épisode le plus douloureux de sa vie

01:10:32

L'incendie de son logement et des mois pendant lesquels il a vécu dans la rue avec sa famille. Il n'en parle pas pour apitoyer le public mais parce que son histoire résonne particulièrement avec son sujet, qu'il n'y a pas de meilleur exemple à ce moment-là que ce qu'il a lui-même vécu pour illustrer son propos. Il le dit, d'ailleurs, dans le documentaire. « Je ne suis pas le plus éloquent mais mon arme, c'est l'émotion. Et si aujourd'hui, dans mes discours, je suis aussi sincère, c'est ce que je suis. [...] Je pense réellement que c'est une arme de pouvoir toucher les gens. »

Conclusion

- ☐ Faites un bilan personnel initial : comprendre vos aspirations personnelles et professionnelles.
- ☐ Définissez un projet professionnel.
- ☐ Choisissez deux questions pour le Grand Oral.
- ☐ Faites des recherches sur les questions retenues.
- ☐ Faites un plan détaillé pour chaque question et faites-le valider par vos professeur·es.
- ☐ Rédigez entièrement le discours pour chaque question et faites-en une fiche synthèse (fiche de mots).
- ☐ Faites une boussole à entretien pour présenter votre projet professionnel.
- ☐ Entraînez-vous seul·e à réciter vos deux discours et votre boussole à entretien, sans notes.
- ☐ Travaillez la verbalisation (volume de la voix, ponctuation du silence, respiration, etc.), la gestuelle (mains, posture du corps) et l'occupation de l'espace.
- ☐ Exercez-vous dans les conditions réelles de l'oral, avec la grille indicative d'évaluation, devant un jury fictif (professeur·es, camarades de classe, ami·es, famille) et entraînez-vous jusqu'à vous sentir à l'aise sur les trois temps de l'oral.

Une fois que vous avez suivi toutes les étapes de ce livre et coché toutes les cases, gardez en tête qu'il n'y a pas un seul canon d'éloquence, mais des éloquences. Il n'y a pas une seule façon de se tenir ou de s'exprimer. Il n'y avait pas une seule et unique manière de préparer votre question, mais de multiples, et vous en avez choisi une que vous allez défendre. C'est l'heure d'exposer votre façon de faire et d'être, vos exemples, votre timbre de voix, vos silences et vos sourires. C'est l'heure de lâcher prise !

Pendant votre présentation, vous avez l'impression de moins bien développer un argument que la veille, pendant la répétition ? Vous utilisez d'autres tournures de phrases ? Ce n'est pas grave. Cela ne doit en aucun cas vous freiner. Faites-vous confiance ! Votre travail vous a accompagné·e pendant plusieurs semaines. Vous avez répété, il s'est imprimé en vous. C'est maintenant que ce passage à l'oral peut devenir un moment de plaisir. Vous êtes comme l'artiste qui entre enfin en scène. C'est votre moment.

Souleïla, la finaliste du concours Eloquentia filmée dans *À voix haute*, a émergé très tranquillement. Au départ, elle était discrète. Personne ne l'avait vraiment remarquée. Leïla lui avoue d'ailleurs, lors des huitièmes de finale qu'elle la voit alors pour la première fois. Pourtant, c'est une fille charismatique, qui révèle un potentiel énorme sur scène. Souleïla a pris le temps d'éclore. Et si elle s'est singularisée, c'est parce qu'elle s'est montrée, lors de ses prises de parole en public, telle qu'elle était, avec ses forces, son énergie, son humour, son regard. Il en fut de même pour Eddy qui a pris confiance au fil de l'aventure. Il n'a eu de cesse au cours de ses discours de parler de lui, de ses rêves, de ses aspirations. Il a été lui-même.

Alors à votre tour, le jour J, soyez vous-même. C'est tout ce que je vous souhaite pour ce Grand Oral, et pour toutes les prises de parole, grandes ou petites, terrifiantes ou enthousiasmantes, qui suivront dans votre vie. Entraînez-vous, faites-en un jeu entre ami·es. Vous progresserez sans même vous en rendre compte. Et vous finirez par redouter une seule chose : que ces occasions deviennent trop rares. J'espère alors que vous les multiplierez, toujours dans l'écoute, la bienveillance et le respect de l'opinion d'autrui.

Stéphane de Freitas

PARTIE

III

DES EXEMPLES
PAR SPÉCIALITÉ

VOIE GÉNÉRALE

Histoire-Géographie, Géopolitique, Sciences politiques

Les ressources numériques en HGGSP minilienrobert.com/1GTHGGSP

L'enseignement de spécialité d'HGHSP vous donne des clés de compréhension du monde passé et contemporain sur le plan des relations sociales, politiques, économiques et culturelles.
En Première : acquérir des notions centrales de chacune des disciplines représentées.
En Terminale :
– approfondir les notions étudiées en première pour aborder des questions plus complexes aux enjeux multiples (sociaux, politiques, économiques, culturels, diplomatiques et stratégiques) ;
– affiner vos capacités d'analyse et la maîtrise des savoirs et des compétences nécessaires à votre réussite dans l'enseignement supérieur.

L'enseignement de HGGSP est un enseignement qui mobilise plusieurs disciplines :
– **L'histoire :** comprendre les enjeux historiques de la question, c'est-à-dire l'évolution sur un temps long de la question.
– **La géographie :** comprendre les logiques de l'organisation de l'espace et le rôle des acteurs et actrices sur les territoires.
– **La science politique :** comprendre les enjeux politiques de la question, les concepts, les relations internationales, les régimes, les acteurs et actrices politiques à différentes échelles (nationale, internationale)
– **La géopolitique :** comprendre les rivalités et les enjeux de pouvoir entre les territoires.

DES CONSEILS POUR VOUS PRÉPARER AU GRAND ORAL TOUT AU LONG DE L'ENSEIGNEMENT DE LA SPÉCIALITÉ HGGSP

Des capacités et des méthodes propres à la spécialité sont travaillées. Le jury (à l'écrit comme à l'oral) s'appuie sur leur maîtrise pour vous évaluer.

CE QUE DIT LE PROGRAMME

« Outre les compétences et méthodes travaillées dans l'enseignement commun d'histoire-géographie, l'enseignement de spécialité d'histoire-géographie, géopolitique et sciences politiques est l'occasion de mettre l'accent sur quelques capacités et méthodes particulièrement utiles.
- Analyser, interroger, adopter une démarche réflexive [...].
- Se documenter [...].
- Travailler de manière autonome [...].
- S'exprimer à l'oral [...]. »

« Analyser, interroger, adopter une démarche réflexive »

Adopter une démarche réflexive signifie que vous devez, dans le cadre de la préparation au Grand Oral, réfléchir à votre sujet, développer et approfondir vos idées, interroger vos sources. Pour cela, voici quelques conseils.

Rappel : Il existe plusieurs types de plan (analytique, thématique, dialectique, chronologique, etc.) qui peuvent vous aider à organiser vos idées. → Les différents types de plan, p. 106
Cependant, il est préférable de développer et d'organiser vos idées au fur et à mesure de vos recherches et de votre réflexion. Ainsi, votre plan va se dessiner progressivement.

Informez-vous

Soyez curieux et informez-vous régulièrement des sujets d'actualité en lien avec votre sujet.

EXEMPLE
Pour cela, vous pouvez vous abonner à une revue (ex. *L'Histoire*), à une newsletter (ex. *Le Monde.fr*), à des podcasts (ex. France Inter, émission *Géopolitique* / France Culture, émission *La Fabrique de l'histoire*).

La méthode de veille informationnelle « *Pull / Push* » peut aussi être un bon outil. C'est une méthode de recherche d'informations menée sur le long terme.

PULL	PUSH
Vous allez chercher l'information en consultant régulièrement des sites spécialisés.	L'information vient à vous car vous êtes abonné·e à des newsletter, des podcasts, etc.

Interrogez-vous

Être curieux ou curieuse signifie aussi réfléchir aux sujets d'actualité, se positionner sur des débats actuels.Vous pouvez vous constituer un « carnet d'actualités » (papier ou numérique) dans lequel vous répertoriez sous la forme de prise de notes des sujets qui vous interpellent, des arguments dans tel ou tel débat. N'oubliez pas d'indiquer à chaque fois la date et la source.

« Se documenter »

Vous documenter vous permet de rechercher des informations dans le but de choisir et d'approfondir votre question. Pour cela, il faut adopter une méthode rigoureuse qui s'effectue en plusieurs étapes.

ÉTAPE 1 • RECHERCHEZ UNE INFORMATION
Aujourd'hui, une large documentation s'offre à vous. Au départ, utilisez les ressources proches de vous dans un lieu où vous pouvez être guidé.
→ Préparer le 1er temps : 1. Faites des recherches pour votre oral, p. 83

ÉTAPE 2 • VÉRIFIEZ UNE INFORMATION
Quelle que soit la source, vous devez vérifier la fiabilité de l'information. Pour cela, vous devez confirmer l'information recueillie grâce au test de fiabilité des sources.
→ Comment tester la fiabilité de vos sources, p. 93

ÉTAPE 3 • RÉFÉRENCEZ UNE INFORMATION
Afin de ne pas vous perdre dans les recherches, il faut noter avec rigueur l'origine de vos informations, donc vos sources.
→ Constituez-vous un tableau de bord des sources, p. 98

« Travailler de manière autonome »

Un choix personnel

Afin de vous préparer au mieux aux études supérieures, vous devez vous organiser de manière autonome, trouver ou vous imposer un rythme de travail. Le mot d'ordre est la régularité. Afin de suivre votre progression, utilisez des outils qui permettront de vérifier l'avancement de vos recherches et la maîtrise progressive de votre sujet (calendrier, carnet de notes, carnet de bord, etc.).

Approfondir les cours

Dans le cadre de l'HGGSP, vous serez amené·e à préparer des exposés, élaborer des revues de presse, constituer un dossier documentaire, etc. Ces activités réalisées en dehors des cours vous permettront de gagner en autonomie et de renforcer vos connaissances pour le Grand Oral.

Un travail individuel uniquement ?

Le travail en groupe est toujours bénéfique : vous pouvez travailler à plusieurs afin de vous motiver et ainsi faire le point sur vos recherches. Vous pouvez établir un calendrier de rencontres avec vos camarades.

« S'exprimer à l'oral »

Pendant les cours

Il faut vous entraîner autant que possible à développer votre expression orale : prendre la parole, réaliser des exposés, présenter votre sujet à la classe.

> Vous pouvez noter, à chaque séance de cours, le nombre de fois où vous avez pris la parole. Cela vous permettra de prendre conscience de votre participation orale et ainsi soit de l'intensifier, soit de garder un rythme régulier.
> Lors de vos prestations orales, si votre professeur·e utilise une grille d'évaluation, pensez à la conserver. Vous pouvez aussi facilement en créer une à partir de la grille indicative d'évaluation du Grand Oral.

MINI-LIENS minilienrobert.com/1GT1

En dehors des cours

→ Étape 4. Entraînez-vous à l'oral, p. 146

➔ **Le choix du thème du programme :**
Les épreuves écrites de la spécialité ne portent pas sur l'ensemble des thèmes, mais sur quatre thèmes selon l'organisation suivante : les années paires, l'épreuve portera sur les thèmes 1, 2, 3 et 5 ; les années impaires sur les thèmes 2, 4, 5 et 6.
Il est important d'avoir ce calendrier en tête car le thème qui vous intéresse pourrait n'être travaillé en cours qu'après les épreuves écrites. Ainsi, pour une année impaire, les thèmes 1 et 3 du programme de Terminale ne seront généralement pas traités avant le mois de mars.

DES EXEMPLES DE QUESTIONS EN HGGSP

Question 1. « Pourquoi la question de la mémoire du génocide des Juifs est-elle au cœur des enjeux de la société française actuelle ? »

Programme de Terminale, thème 3 « Histoire et mémoires ».
Il serait aussi possible de traiter cette question dans le cadre de la spécialité HLP, ou de manière transversale avec les deux spécialités. Le type de plan et les exemples associés ne seraient, dans cas, pas forcément les mêmes.

C'est une question propre à la spécialité : Dans le cadre de l'enseignement de la spécialité HGGSP, vous devez démontrer votre capacité à exercer un regard critique sur un sujet en lien avec le monde qui vous entoure. Certains éléments sont au cœur des enjeux de la société française actuelle et sont largement relayés par les médias : la recrudescence des actes et des propos antisémites en France, la disparition des derniers témoins (question de la transmission de cette mémoire), les lieux mémoriaux (mémorial de la Shoah, mur de noms).

C'est une question en lien avec votre projet professionnel : Le sujet invite à se questionner sur la transmission de la mémoire et donc de l'histoire. Il questionne aussi sur les notions de « génocide » et de « crime contre l'humanité » telles que définies par le tribunal militaire international de Nuremberg en 1945 et la convention de l'ONU de 1948. Ce sujet peut donc être en lien avec une orientation professionnelle dans les domaines liés à l'histoire, à la gestion du patrimoine, au droit (notamment le droit international), au journalisme.

Type de plan : Plan chronologique. Pour répondre à cette question, l'approche historique est privilégiée.

EXEMPLE

Introduction
Partie 1. Le rejet des Juifs en France : une histoire ancienne
Partie 2. La mémoire du génocide juif s'est affirmée depuis les années 1970
Partie 3. Une question toujours sensible
Conclusion

Plan détaillé et support écrit

→ Ressources numériques HGGSP, p. 2

Question 2. « L'urgence climatique permet-elle une meilleure coopération entre les pays du monde ou contribue-t-elle au contraire à accentuer les tensions ? »

Programme de Terminale, thème 5 « L'environnement entre exploitation et protection ».
Il serait aussi possible de traiter cette question dans le cadre de la spécialité SVT, ou de manière transversale avec les deux spécialités. Le type de plan et les exemples associés ne seraient, dans cas, pas forcément les mêmes.

C'est une question propre à la spécialité : Dans le cadre de l'enseignement de la spécialité HGGSP, vous devez démontrer votre capacité à exercer un regard critique sur un sujet en lien avec le monde qui vous entoure. Le sujet est au cœur des préoccupations environnementales actuelles. Les effets du changement climatique sont de plus en plus visibles (fonte des glaces au niveau des pôles par exemple). Face à un phénomène d'ampleur mondiale, une réponse internationale tente d'être mise en place depuis notamment l'entrée en vigueur du protocole de Kyoto en 2005.

C'est une question en lien avec votre projet professionnel : Le sujet questionne l'enjeu représenté par la préservation des ressources de la planète sur un moyen et long terme, ainsi que la responsabilité et le rôle joués par les sociétés humaines. Ce sujet peut donc être en lien avec une orientation professionnelle dans les domaines liés à l'environnement, à la climatologie, la communication, etc.

Type de plan : Plan analytique (description, explication, limites). Il permet de mener une réflexion approfondie sur la question.

EXEMPLE

Introduction
Partie 1. Qu'est-ce que l'urgence climatique ?
Partie 2. Depuis quand peut-on parler d'une coopération internationale face à cette question ?
Partie 3. Les tensions internationales face au réchauffement climatique
Conclusion

Plan détaillé et support écrit

→ Ressources numériques HGGSP, p. 4

Question 3. « Les lanceurs d'alerte sont-ils des traîtres ou des héros de la démocratie ? »

Programme de Première, thème 4 « S'informer : un regard critique sur les sources et les modes de communication ».

C'est une question propre à la spécialité : Dans le cadre de l'enseignement de la spécialité HGGSP, vous devez démontrer votre capacité à exercer un regard critique sur un sujet en lien avec le monde qui vous entoure. La liberté d'informer et d'information est une liberté fondamentale dans une démocratie. Cette dernière s'appuie justement sur la transparence de l'information. En servant l'intérêt général, les lanceurs d'alerte démontrent l'échec de la démocratie, ils participent ainsi à sa fragilisation.

C'est une question en lien avec votre projet professionnel : Le sujet invite à se questionner sur le rôle joué par les lanceurs d'alerte et sur la liberté d'information. Ce sujet peut donc être en lien avec une orientation professionnelle dans les domaines liés au journalisme d'investigation, à la sociologie.

Type de plan : Plan dialectique (thèse / antithèse / synthèse). Il permet de confronter plusieurs regards sur la question posée.

EXEMPLE

Introduction
Partie 1. Les lanceurs d'alerte trahissent la démocratie
Partie 2. Les lanceurs d'alerte sont des héros de la démocratie
Partie 3. Les lanceurs d'alerte révèlent les limites de la démocratie
Conclusion

Plan détaillé, support écrit et développement

→ Ressources numériques HGGSP, p. 6

Dans les ressources numériques HGGSP, vous trouverez aussi :
→ Liste non exhaustive des sources propres à la spécialité, p. 11
→ Liste des thèmes au programme, p. 12

HUMANITÉS, LITTÉRATURE, PHILOSOPHIE

Les ressources numériques en HLP MINI-LIENS minilienrobert.com/1GTHLP

L'enseignement de spécialité d'HLP est l'héritier des classes littéraires ; c'est un enseignement pluriel et exigeant qui requiert une grande ouverture d'esprit.
En Première : réfléchir à l'art de la parole et à son pouvoir en général, et l'appliquer à la connaissance du monde ;
En Terminale : investir des questions contemporaines de société se trouvant à la croisée de la littérature et de la philosophie.

L'enseignement de HLP est un enseignement qui mobilise plusieurs disciplines :
– **Les humanités :** par « humanités », on entendait à la Renaissance la connaissance des auteurs antiques ; dans le prolongement des questions de civilisation abordées au cours de l'enseignement des lettres classiques (latin et grec), la spécialité HLP est amenée à traiter de la société antique et des auteurs grecs et latins.
– **La littérature :** la littérature au sens large, qui regroupe les genres du roman, de la poésie, du théâtre et de la littérature d'idées, est toujours en prise avec son temps et avec les questions qui traversent son époque ; à ce titre, tout titre littéraire peut être mobilisé pour approfondir une question.

– **La philosophie :** depuis la Grèce antique, la philosophie est une discipline qui se saisit de grandes questions pour en préciser les termes et sortir des préjugés et opinions communes.
Des capacités et des méthodes propres à la spécialité sont travaillées. Le jury (à l'écrit comme à l'oral) s'appuie sur leur maîtrise pour vous évaluer sur :
- la lecture des œuvres et des textes ;
- l'interprétation des œuvres et des textes ;
- l'expression et l'analyse de problèmes et d'objets complexes.

DES CONSEILS POUR VOUS PRÉPARER AU GRAND ORAL TOUT AU LONG DE L'ENSEIGNEMENT DE LA SPÉCIALITÉ HLP

CE QUE DIT LE PROGRAMME

« En cohérence avec l'esprit général de l'enseignement Humanités, Littérature et Philosophie, les épreuves et les sujets d'examen mobilisent les capacités d'attention, d'analyse, de réflexion et d'interprétation des candidats. Les textes proposés exigent en effet un questionnement pertinent, une problématisation ajustée et une argumentation claire et rigoureuse. »
« [Cet enseignement] développe l'ensemble des compétences relatives à :
- la lecture des œuvres et des textes ;
- l'interprétation des œuvres et des textes ;
- l'expression et l'analyse de problèmes et d'objets complexes. »

« La lecture des œuvres et des textes »

Lire, ce n'est pas seulement déchiffrer. Savoir lire est une compétence qui se développe au fil d'une fréquentation assidue de textes de tout format et de tout genre. Dans le cadre de l'enseignement de la spécialité HLP, ces textes appartiendront autant à la fiction qu'à la non-fiction, à la littérature d'idées qu'à la philosophie.

➔ **Rappel : Savoir lire un texte, c'est tenir compte de son genre pour l'aborder : on ne lit pas de la même manière un roman, un essai et un traité philosophique. Le roman peut se découvrir de manière linéaire, c'est-à-dire en suivant l'histoire du début à la fin. L'essai peut aussi être lu de manière linéaire mais il se prête aussi à un parcours tabulaire, c'est-à-dire en choisissant de s'attarder sur certains chapitres en particulier. Enfin, un traité philosophique se lira linéairement et le crayon à la main pour pouvoir relever ses difficultés en cours de lecture et tenter de les résoudre.**

Butinez !

Soyez gourmand·es de lectures : Montaigne se comparait à une abeille faisant son miel de toute fleur, suivez son exemple ! Promenez-vous dans une librairie et attardez-vous au rayon « essais » ; fréquentez des journaux, revues et magazines qui recensent les nouvelles parutions ; écoutez et regardez les émissions littéraires et philosophiques. Lorsqu'un thème vous intéresse, consultez l'ouvrage qui en parle ; si vous ne pouvez pas l'acheter, pensez aux médiathèques, au CDI ou à organiser un achat avec d'autres élèves. Et pourquoi ne pas proposer de constituer une bibliothèque d'HLP au sein de votre CDI ? Parlez-en avec votre professeur·e et votre documentaliste !

EXEMPLE

Voici quelques exemples pour vous guider : paraissent tous les jeudis les suppléments « Livres » du *Monde*, du *Figaro* et de

Libération ; des revues comme *Esprit, Critique* ou *Études* proposent des recensions des dernières parutions jugées les meilleures. Du côté des magazines, le *Magazine littéraire* ou *Philosophie magazine* vous permettent d'approfondir certains dossiers et de mieux connaître certains auteurs et certaines autrices. Enfin, les chaînes radiophoniques et télévisées publiques proposent des émissions critiques de qualité comme *Le Masque et la Plume* sur France Inter, *Les Chemins de la philosophie* sur France Culture ou *La Grande librairie* sur France 5.

Organisez-vous

Savoir lire, c'est aussi savoir retenir ce que l'on lit. Pour cela, il est impératif de se constituer des fiches de lecture, même pour les ouvrages de fiction pour lesquels on a moins besoin de prendre des notes en cours de lecture. Dans le cadre de la spécialité HLP, ce qui importe c'est de savoir resituer l'ouvrage dans son genre et son époque, d'être capable d'en donner les grandes lignes de manière efficace et de retenir les passages ou citations qui entrent en relation avec un des thèmes et chapitres de l'année de Terminale.

EXEMPLE

Vous pouvez vous constituer un « carnet d'exemples » (papier ou numérique) dans lequel vous noterez, par thème et chapitre, les passages et citations des œuvres qui vous permettent de réfléchir à une question en particulier.

« L'interprétation des œuvres et des textes »

Une fois lu, un texte ou une œuvre doivent être interprétés, c'est-à-dire mener à une compréhension personnelle de leur contenu. Pour cela, il faut avoir compris le texte ou l'œuvre mais il faut aussi avoir l'audace d'en penser quelque chose de personnel.

Assurez-vous d'avoir bien compris

Une fois votre lecture faite et votre fiche de lecture élaborée, il faut vous assurer que vous avez bien perçu les enjeux du texte parcouru.

> **EXEMPLE**
> **Pour cela, vous pouvez consulter une recension de cet ouvrage, par exemple en cherchant sur Internet (version numérique de journaux ou de magazines, blogs de lecteur ou lectrice, etc.).**

Appropriez-vous votre lecture

Une fois votre compréhension de l'ouvrage validée, vous pouvez vous exercer à exprimer, à votre tour, votre avis sur votre lecture. Pour ce faire, vous pouvez en élaborer une critique subjective, à l'image de ce que vous avez fait dans la partie d'exposé de votre oral d'épreuve anticipée de français du baccalauréat.

> **EXEMPLE**
> **Pour varier les formats, vous pouvez réaliser cette critique par écrit bien sûr, mais aussi sous forme de chronique radio ou télévisée. Selon votre choix, vous produirez un texte, un fichier audio ou un fichier vidéo.**

Variez les points de vue

Afin d'enrichir votre interprétation d'une œuvre, il est important d'explorer les pistes de compréhension qui n'ont pas été les vôtres ou de considérer un avis sur cette œuvre très différent de celui que vous avez élaboré spontanément. Pour cela, interrogez vos proches et ami·es sur la question soulevée par l'ouvrage pour recueillir leur avis, voire sur cet ouvrage lui-même s'ils ou elles le connaissent.

EXEMPLE
L'exercice du débat critique est très formateur pour s'entraîner à varier les points de vue sur une œuvre. Dans le cadre d'un travail en groupe, en classe ou au cours de révisions, vous pouvez soutenir un avis face à un·e camarade soutenant un avis opposé sur le même texte ou le même ouvrage. Organisez ce débat en vous imposant à chacun trois arguments avec un exemple pour chaque argument ; essayez de recruter une troisième personne qui vous dira qui de vous deux aura été le ou la plus convaincant·e !
→ Comment faire pour échanger avec vos proches, vos camarades ou vos professeur·es ?, p. 78

« L'expression et l'analyse de problèmes et d'objets complexes »

Apprenez à identifier un problème

Pendant le Grand Oral comme pour l'épreuve écrite de la spécialité HLP, il est fondamental de savoir formuler correctement la question que pose un texte ou un thème pour pouvoir la traiter correctement. C'est tout l'enjeu de la philosophie ; mais c'est également une compétence de lecteur ou lectrice et d'interprète de textes littéraires. Poser des questions, cela se travaille !

EXEMPLE
Dans votre carnet d'exemples, vous pouvez élaborer une table des matières qui répertorie différentes questions par thème et chapitre au programme. Vous y attribuerez un numéro que vous pourrez mettre devant les citations et exemples que vous aurez relevés au cours de vos lectures.

Apprenez à analyser un problème et formuler une question

Une fois les différentes questions associées à un thème ou à chapitre recensées, vient le temps de l'organisation ! Comme un enquêteur ou une enquêtrice dans un polar relie différentes pistes entre elles pour résoudre son énigme, vous devez trouver une manière d'articuler les questions qui se posent sur un même sujet ; l'idéal est d'identifier l'enjeu qui les traverse toutes et de le formuler sous forme de question.

EXEMPLE

Vous pouvez vous aider de la technique de la carte mentale pour organiser dans l'espace vos interrogations et pour en matérialiser le lien avec des flèches ou des sous-branches. Laissez le rond central vide et ne le remplissez qu'à la fin de l'élaboration de votre carte mentale, lorsque vous pourrez y inscrire la question qui relie toutes vos interrogations.

Apprenez à dire simplement ce qui est compliqué

La spécificité de la spécialité HLP, encore plus à l'oral qu'à l'écrit, est de parvenir à dire simplement ce qui relève de l'abstrait et du complexe. Pour cela, il n'y a pas de secret : il faut s'entraîner ! Prenez la parole en classe, faites des exposés, participez aux exercices oraux qui vous sont proposés pour vous exercer.

EXEMPLE

De manière plus informelle, vous pouvez aborder des sujets de société comme le végétarisme, la PMA, etc. avec des ami·es ou des proches pour vous entraîner à développer une argumentation efficace, d'une part, et une prise de parole fluide sur ce genre de sujet, d'autre part. Ainsi vous travaillerez sans en avoir l'impression !

DES EXEMPLES DE QUESTIONS EN HLP

Question 1. « En art, faut-il être absolument original ? »

Programme de Terminale, thème 2, chapitre 1 « Création, continuités et ruptures ».
Il serait aussi possible de traiter cette question dans le cadre de la spécialité Arts, ou de manière transversale avec les deux spécialités.

C'est une question propre à la spécialité : La spécialité HLP est centrée sur la culture et son usage pour exercer un regard critique sur la société. Dans un retour sur soi, cette culture amène également à se questionner sur sa place dans notre monde occidental contemporain : de quelle manière définissons-nous la culture, et l'art ? Ces définitions vont-elles de soi ou procèdent-elles de préjugés ?

C'est une question en lien avec votre projet professionnel : Cette question, qui ressemble à un sujet de dissertation de philosophie, comporte une dimension normative voire prescriptive qui vous intéressera particulièrement si vous êtes attiré·e par des carrières dans le monde de la culture et des médias et dans le patrimoine.

Type de plan : Plan dialectique.

EXEMPLE

Introduction
Partie 1. L'art se définit par la recherche de nouveauté
Partie 2. L'art se construit sur un héritage
Partie 3. L'art, c'est le renouvellement
Conclusion

Plan détaillé et support écrit → Ressources numériques HLP, p. 2

Question 2. « La culture peut-elle mettre fin à la guerre ? »

Programme de Terminale, thème 2, chapitre 2 « Histoire et violence ».
Il serait aussi possible de traiter cette question dans le cadre de la spécialité HGGSP, ou de manière transversale avec les deux spécialités. Le type de plan et les exemples associés ne seront, dans cas, pas forcément les mêmes.

C'est une question propre à la spécialité : La spécialité HLP vise à former à un regard avisé et averti sur la culture au sens large. Les interactions entre la culture, sous toutes ses définitions, et la société sont ainsi au cœur de son enseignement.

C'est une question en lien avec votre projet professionnel : Lorsqu'elle est suivie en parallèle de la spécialité HGGSP, la spécialité HLP prépare aux métiers associant réflexion, rhétorique et décision. Les métiers de la communication, mais aussi ceux de la diplomatie, sont donc en lien avec l'ensemble de son parcours, ainsi qu'avec certaines de ses thématiques en particulier, comme celle de l'histoire et de la violence.

Type de plan : Plan dialectique.

EXEMPLE
Introduction
Partie 1. La culture, une arme contre la violence en général et la guerre en particulier
Partie 2. Impasses et contradictions de la culture face à la barbarie
Partie 3. La culture, une notion à redéfinir pour se faire l'alliée de la paix
Conclusion

Plan détaillé et support écrit → Ressources numériques HLP, p. 3

Question 3. « Est-on responsable pour les générations futures ? »

Programme de Terminale, thème 2, chapitre 3 « L'humain et ses limites ».
Il serait aussi possible de traiter cette question dans le cadre de la spécialité HGGSP ou NSI, ou de manière transversale avec les deux spécialités. Le type de plan et les exemples associés ne seront, dans cas, pas forcément les mêmes.

C'est une question propre à la spécialité : La spécialité HLP offre l'occasion de traiter, grâce aux cultures littéraires et philosophiques conjointes, de sujets de société qui ne sont au cœur ni de la philosophie ni de la littérature à proprement parler. La question de la responsabilité pour les générations futures est en prise directe avec les préoccupations les plus contemporaines liées au réchauffement climatique et à la nécessité de réduire nos déchets ou notre impact carbone, comme de changer notre alimentation et notre mode de vie en général.

C'est une question en lien avec votre projet professionnel : Suivre la spécialité HLP permet de développer et d'aiguiser les outils critiques nécessaires à l'examen de questions polémiques et complexes. Elle permet de mettre à l'épreuve la démarche philosophique dans sa confrontation au monde le plus actuel ; elle ouvre aux métiers de stratégie, de recherche et développement, à l'entrepreunariat citoyen et aux métiers de l'écologie comme à la réflexion bioéthique et au consulting.

Type de plan : Plan dialectique.

EXEMPLE

Introduction
Partie 1. Une responsabilité individuelle limitée au présent
Partie 2. Une responsabilité collective étendue au futur
Partie 3. Toutefois, on n'est pas responsable pour quelqu'un d'autre mais pour soi à l'égard de l'autre
Conclusion

Plan détaillé, support écrit et développement

→ Ressources numériques HLP, p. 5

Dans les ressources numériques HLP, vous trouverez aussi :
→ Liste non exhaustive des sources propres à la spécialité, p. 8
→ Liste des thèmes au programme, p. 9

LLCER : L'EXEMPLE DE L'ANGLAIS

Les ressources numériques LLCER

MINI-LIENS minilienrobert.com/1GTLLCER

DES CONSEILS POUR VOUS PRÉPARER AU GRAND ORAL TOUT AU LONG DE L'ENSEIGNEMENT DE LA SPÉCIALITÉ LLCER ANGLAIS

- Prenez connaissance des contextes historiques, politiques, sociaux des différentes œuvres étudiées. Envisagez de rédiger des biographies des auteurs et autrices.

- Documentez-vous sur les œuvres au programme à l'aide de paratextes – si possible d'origine anglo-saxonne – afin d'en maîtriser les enjeux.

- Afin d'améliorer votre expression orale, écoutez, visionnez un maximum de documents (documentaires, journaux d'information, etc.) en anglais. Par la même occasion, vous resterez en lien avec l'actualité du monde anglo-saxon. Pensez à ouvrir votre esprit à d'autres domaines que ceux traités dans les œuvres, cela pourrait notamment vous servir dans la phase d'interaction avec le jury qui suivra votre présentation.

- Si vous avez la possibilité de travailler avec des assistant·es anglophones, prenez le temps de passer quelques examens blancs : vous travaillerez sur votre phonologie, votre débit, votre aisance à l'oral. Ces séances sont souvent très utiles pour la confiance en soi.

- En LLCER, le Grand Oral peut se faire en français ou dans la langue étudiée.

> **CE QUE DIT LE PROGRAMME**
> « Si la question traitée concerne l'enseignement de spécialité [...] LLCER, chacun des deux premiers temps de l'épreuve orale terminale peut se dérouler, en partie, dans la langue vivante concernée par l'enseignement de spécialité, selon le choix du candidat. »

Toutefois, il faut avoir en tête que les deux membres du jury ne seront pas toujours des enseignant·es de la spécialité et ne seront donc pas toujours capables de comprendre la langue en question.

Question 1. « Dans *Animal Farm* de Georges Orwell, comment la métaphore de la ferme des animaux permet-elle à Orwell d'être convaincant ? »

Programme de Première, thématique « Imaginaires », axe 3 « Utopies et dystopies ».

C'est une question propre à la spécialité : Dans le cadre de votre enseignement de spécialité, vous devez développer vos capacités à exercer votre sens critique et à comprendre les enjeux des œuvres littéraires. La description d'un monde imaginaire où les personnages principaux sont des animaux permet l'élaboration d'une vision engagée et critique sur le monde qui nous entoure. La multiplicité des niveaux de lecture que nous permet ce procédé mène à la diffusion efficace du message de l'auteur.

C'est une question en lien avec votre projet professionnel : Le sujet invite à se questionner sur la pertinence de l'élaboration de mondes fantastiques et imaginaires comme les miroirs de notre monde. Ces miroirs permettant une vision critique sur la société, les dirigeants politiques, les acteurs culturels et médiatiques de notre société ainsi que se grands courants de pensée. Ce sujet peut être en lien avec une orientation professionnelle dans les domaines liés à la communication, à l'image, à l'enseignement, aux médias, aux sciences politiques ou à l'histoire.

Type de plan : Plan thématique. Il vous permettra d'analyser les différents aspects de l'œuvre avant de démontrer que l'auteur parvient à faire passer son message de manière efficace.

EXEMPLE

Introduction
Partie 1. Une vision simplifiée
Partie 2. Une critique véhémente
Partie 3. Une oeuvre efficace
Conclusion

Plan détaillé, support écrit et sources

→ Ressources numériques LLCER, p. 2

Question 2. « Comment est présentée l'évolution de l'humanité dans *Interstellar* de Christopher Nolan ? »

Programme de Première, thématique « Imaginaires », axe 1 « Imaginations créatrices et visionnaires ».

C'est une question propre à la spécialité : Dans le cadre de votre enseignement, vous devez développer votre capacité à appréhender les diverses déclinaisons des imaginaires qui vous poussent à réfléchir sur l'être humain et le monde dans lequel il vit. La notion de progrès avec ce qu'elle engendre de positif et de négatif et aussi sujet à réflexion. L'usage de la science-fiction peut permettre cette ouverture vers l'imaginaire et les nouveaux possibles qu'il offre.

C'est une question en lien avec votre projet professionnel : La question invite à se questionner sur l'élaboration de mondes imaginaires comme une projection vers l'avenir. La science-fiction permet une observation et une analyse des phénomènes écologiques, politiques, sociaux et scientifiques et d'en mesurer les conséquences sur l'évolution de l'humanité. Cette question peut être en lien avec une orientation professionnelle dans les domaines liés aux sciences, aux progrès techniques, à l'environnement et peut mener à une réflexion philosophique et sociologique au sujet de l'évolution de l'humanité.

Type de plan : Plan « causes – conséquences – solutions ». Il vous permet d'analyser de manière cohérente l'idée d'évolution de l'humanité et de vous interroger finalement sur la pertinence de l'idée d'abandonner notre planète.

EXEMPLE

Introduction
Partie 1. L'Homme, un être malveillant
Partie 2. Le salut par la science ?
Partie 3. L'exode : mythe ou réalité ?
Conclusion

Plan détaillé, support écrit et sources

➔ Ressources numériques LLCER, p. 4

Question 3. « Dans *Des souris et des hommes*, comment le personnage de Lennie aide-t-il le lecteur à percevoir le handicap ? »

Programme de première, thématique « Rencontres », axe 3 « La confrontation à la différence ».

C'est une question propre à la spécialité : Dans le cadre de votre enseignement de spécialité, vous devez développer vos capacités à exercer votre sens critique et comprendre les enjeux des œuvres littéraires. La description d'un personnage handicapé peut mener à des lectures doubles, la compréhension de symboles et la mise en lumière du regard des autres sur le handicap.

C'est une question en lien avec votre projet professionnel : Le sujet invite à se questionner sur l'altérité et l'acceptation de la différence au sein d'une œuvre littéraire. Il interroge également sur la vie en collectivité, le travail en équipe et plus largement sur les rapports humains. Ce sujet peut donc être en lien avec une orientation professionnelle dans les domaines liés à l'humain, la sociologie, la psychologie, l'enseignement et l'ensemble des métiers liés aux rapports sociaux.

Type de plan : Plan dialectique. Il permet d'analyser les différentes facettes du handicap dans l'œuvre afin d'en tirer des conclusions sur les rapports que cela engendre.

EXEMPLE

Introduction
Partie 1. Lennie incarne bonté et loyauté
Partie 2. Lennie, un personnage effrayant et dangereux
Partie 3. Le regard des autres et l'évocation d'un monde impitoyable
Conclusion

Plan détaillé, support écrit, sources et développement

→ Ressources numériques LLCER, p. 6

Dans les ressources numériques LLCER, vous trouverez aussi :

→ Liste non exhaustive des sources propres à la spécialité, p. 12
→ Liste des thèmes au programme, p. 13

MATHÉMATIQUES

Les ressources numériques Mathématiques

MINI-LIENS minilienrobert.com/1GTMATHS

DES CONSEILS POUR VOUS PRÉPARER AU GRAND ORAL TOUT AU LONG DE L'ENSEIGNEMENT DE LA SPÉCIALITÉ MATHÉMATIQUES

• Votre question s'appuiera sur des théorèmes de cours ou des extensions. Vous n'aurez certainement pas le temps de les démontrer en 5 minutes. Il faudra néanmoins connaître les grandes lignes des démonstrations qui pourront vous être demandées lors de l'entretien.

• Assurez-vous que vous maîtrisez votre sujet. Le jury se mettra au niveau de difficulté avec lequel vous avez traité votre question. Si vous énoncez des théorèmes ou formules complexes, vous serez interrogé·e dessus. Il est préférable de faire appel à des outils bien maîtrisés plutôt qu'à des outils mal digérés.

• Pensez à mettre les équations et graphiques utiles sur le support écrit que vous donnerez au jury. N'hésitez pas à y faire appel et y appuyer votre discours au cours de votre oral.

• Au début de l'exposé, ne vous lancez pas trop vite dans les équations. Prenez le temps de bien décrire votre question, votre problème et vos hypothèses. Après avoir passé plusieurs mois sur une question, le modèle et les calculs pourront vous paraître évidents. Ce n'est pas le cas de votre auditoire. N'oubliez pas qu'un des membres du jury ne sera pas spécialiste des Mathématiques.

DES EXEMPLES DE QUESTIONS EN MATHÉMATIQUES

Question 1. « Pourquoi les barycentres sont-ils utiles en géométrie ? »

Programme de Terminale, Géométrie « Vecteurs et décompositions vectorielles, orthogonalité, distances ».
La notion de « barycentre » peut être traitée dans le plan ou dans l'espace. Il est préférable de les traiter dans l'espace qui est le cœur du programme de Terminale.

C'est une question qui peut être propre à la spécialité ou transversale avec la spécialité Physique-Chimie : Dans le cadre de l'enseignement de la spécialité Mathématiques, vous avez appris à manipuler les vecteurs. Au travers de la question posée, vous exploiterez les égalités vectorielles en vue de trouver la position d'un barycentre et répondre à des questions de géométrie. Le produit scalaire y joue aussi un rôle clé dans le calcul des distances. Il serait aussi possible de traiter cette question, de manière transversale avec spécialité Physique-Chimie. En effet, les barycentres permettent de déterminer le centre de gravité d'un solide. Le type de plan et les exemples associés devraient alors être adaptés.

C'est une question en lien avec votre projet professionnel : La notion de barycentre est très utile en Physique. Le centre de gravité représente le point d'application du poids. Il intervient dans l'étude d'équilibre de

systèmes ainsi que les mouvements. Cet outil est essentiel en ingénierie (bâtiment, automobile, aéronautique, etc.).
Type de plan : Plan à structure classique qui vante les multiples mérites du barycentre.

EXEMPLE
Introduction
Partie 1. Démontrer que des droites sont concourantes
Partie 2. Trouver un ensemble de points vérifiant une égalité de longueurs
Partie 3. Trouver un ensemble de points vérifiant une condition sur les carrés de longueurs
Conclusion

Plan détaillé et support écrit
→ Ressources numériques Mathématiques, p. 2

Question 2. « Quelle est la formule de calcul du volume d'un tonneau ? »

Programme de Terminale, Analyse « Fonctions, calcul intégral », Géométrie.

C'est une question propre à la spécialité : Dans le cadre de l'enseignement de la spécialité Mathématiques, vous avez appris à manipuler des intégrales et à les exploiter pour calculer des aires. Celles-ci peuvent aussi servir pour déterminer des volumes dans l'espace. La question posée amène également à s'intéresser à la notion de modèle et à la mesure de l'écart entre un modèle et la réalité.

C'est une question en lien avec votre projet professionnel : Cette question met en avant la problématique de la modélisation : comparaison de différents modèles et mise en perspective avec la réalité. Celle-ci intervient dans de nombreux domaines comme l'ingénierie ou les finances. Elle permet aussi de se familiariser avec la représentation mathématique des solides dans l'espace (cône, ellipsoïde, paraboloïde). Elle peut être mise en perspective avec les domaines du numérique et à l'imagerie 3D.

Type de plan : Plan de type « problème – outils – solution ».

EXEMPLE

Introduction (présentation du problème)
Partie 1. Calcul d'un volume (outils pour calculer le volume)
Partie 2. Quel profil pour le tonneau ? (modélisation et calculs)
Partie 3 Comparaison (réponse au problème)
Conclusion

Plan détaillé et support écrit

→ Ressources numériques Mathématiques, p. 4

Question 3. « Un événement de probabilité infiniment faible peut-il être réalisé ? »

Programme de Terminale, Probabilités « Loi binomiale et géométrique », Analyse « Suites ».

C'est une question propre à la spécialité : Dans le cadre de l'enseignement de la spécialité Mathématiques, vous avez appris à manipuler des arbres de probabilités et à travailler sur la loi binomiale. Pour aller plus loin, la question propose de s'intéresser au temps écoulé pour obtenir le premier succès dans une suite d'épreuves de Bernoulli.

C'est une question en lien avec votre projet professionnel : Le calcul de probabilités intervient dans de très nombreux domaines afin d'anticiper l'avenir. Les modèles économiques y font appel pour tenir compte des événements incertains (tarification d'une assurance, cours de la bourse, etc.). On retrouve également les probabilités dans les chaînes de fabrication pour contrôler les aléas et minimiser les pannes. En télécommunications, on les utilise pour étudier la transmission d'un message. Bien entendu, les statistiques et probabilités jouent un rôle clé pour interpréter le résultat d'un sondage ou exploiter les données scientifiques en vue de mettre un médicament sur le marché. Chacun·e pourra donc développer la question suivant son profil.

Type de plan : Plan de type « problème – outils – solution ».

EXEMPLE

Introduction (présentation du problème)
Partie 1. Loi binomiale (identification du contexte)
Partie 2. Loi géométrique (construction de nouvelles formules)
Partie 3. Application à notre exemple (réponse à la question)
Conclusion

Plan détaillé et support écrit

→ Ressources numériques Mathématiques, p. 6

Question 4. « La modélisation d'une épidémie permet-elle de prédire l'évolution d'une maladie ? »

Programme de Terminale, Analyse « Fonctions, dérivation, équations différentielles », Algorithmique.

C'est une question qui peut être propre à la spécialité ou transversale avec la spécialité SVT : Dans le cadre de l'enseignement de la spécialité Mathématiques, vous avez appris à manipuler les équations différentielles, les résoudre ou trouver des approximations de leurs solutions. La question permet de mettre en avant cette compétence dans le cadre de l'étude de la propagation d'une épidémie. La question pourrait également être traitée à l'aide de suites. Les élèves ayant suivi la spécialité Mathématiques expertes pourront exploiter leurs connaissances sur les graphes. Les élèves qui n'ont pas suivi l'option peuvent se passer de cet outil. Enfin, on pourrait envisager de traiter la question de manière transversale avec les SVT et s'intéresser plus en détail sur la modélisation initiale et l'interprétation des résultats.

C'est une question en lien avec votre projet professionnel : La mise en équation d'un phénomène à l'aide d'équations différentielles est au cœur de très nombreux domaines (biologie, météorologie, automobile, aéronautique, imagerie, finance, etc.).
Il arrive fréquemment que les équations trouvées soient trop complexes pour être complètement résolues. Les informaticien·nes jouent alors un rôle clé dans la recherche de méthodes numériques permettant d'obtenir des solutions approchées.

Type de plan : Plan à structure classique. On répond à la question à travers deux exemples :
– Partie 1 : Modèle SIS. Modèle simple qui admet une solution mathématique. Ce modèle ne permet pas d'étudier les maladies dans lesquelles se développe une immunité.
– Partie 2 : Modèle SIR. Modèle qui tient compte d'un plus grand nombre de facteurs comme l'immunité. Il devient alors plus difficile à résoudre mathématiquement et nécessite un passage à l'algorithmique.

EXEMPLE
Introduction
Partie 1. Le modèle SIS
Partie 2. Le modèle SIR
Conclusion

Plan détaillé, support écrit et développement

→ Ressources numériques Mathématiques, p. 8

Dans les ressources numériques Mathématiques,
vous trouverez aussi :
→ Liste non exhaustive des sources propres à la spécialité, p. 14
→ Liste des thèmes au programme, p. 15

NUMÉRIQUE ET SCIENCES INFORMATIQUES

Les ressources numériques NSI MINI-LIENS minilienrobert.com/1GTNSI

DES CONSEILS POUR VOUS PRÉPARER AU GRAND ORAL TOUT AU LONG DE L'ENSEIGNEMENT DE LA SPÉCIALITÉ NSI

• Le contenu de cette spécialité en Terminale recouvre des concepts souvent abstraits, et qui ne soulèvent guère d'écho chez les non spécialistes de l'informatique.

Votre oral se déroulera devant un jury constitué d'un·e professeur·e de cette discipline qui sera donc à même de saisir les subtilités de votre discours, mais il y aura un·e autre enseignant·e, d'une autre spécialité, que vous devrez aussi prendre en compte. La réussite de votre oral dépendra aussi de votre capacité à intéresser un·e néophyte en informatique.

Il est donc important de choisir le thème le plus concret possible, qui peut s'appuyer sur la science informatique – car c'est l'objet de votre apprentissage tout au long de l'année – mais qui doit suffisamment s'en détacher pour être intelligible de tout le monde.

Votre performance est par conséquent proche de la vulgarisation scientifique, à savoir, vous mettre à la portée de vos interlocuteurs et interlocutrices, sans pour autant les considérer comme des ignorant·es. L'équilibre n'est pas aisé à trouver, et la présentation préalable à vos proches, adultes et lycéens ou lycéennes, vous aidera à ajuster votre propos, voire à modifier votre trajectoire.

• Le choix de la question en rapport avec cette discipline peut, par conséquent, être délicat. Ne cherchez pas à trop coller au cours *stricto sensu* et n'hésitez pas à vous inspirer du ou des projets individuels et collectifs auxquels vous pouvez participer tout au long de l'année. L'idéal serait de pouvoir orienter un de ces projets en fonction des questions que vous aimeriez aborder lors du Grand Oral. Parlez-en à votre professeur·e, tôt dans l'année, car il se pourrait qu'il ou elle soit plus ouvert·e que vous ne l'imaginiez à vos propositions !
Pensez aussi aux activités annexes qui sont organisées dans votre lycée et qui pourraient être sources d'inspiration pour votre spécialité informatique. L'exemple de ruche « connectée » illustre cette démarche.
→ Question 1, ci-après p. 228

• Un dernier point qu'il faut souligner est le choix des termes employés à l'oral. Un des défauts récurrents chez les informaticiens et informaticiennes en conférence est l'abus d'acronymes et d'anglicismes techniques qui servent le plus souvent – consciemment ou inconsciemment – à rendre complice l'interlocuteur ou l'interlocutrice qui « sait », le ou la confrère qui est à la pointe. Mais cette manière de truffer son discours de jargon, peut désorienter et finir par décourager la personne qui écoute et qui n'est pas toujours au courant des concepts abordés ou des dernières modes ou tendances de l'informatique, science qui évolue chaque jour. Par conséquent, restez humble, ne cherchez pas à « épater la galerie », surtout qu'un jury pourrait alors s'attacher à vous demander le sens exact des termes employés, pour vérifier que vous n'êtes pas dans l'énonciation gratuite.

DES EXEMPLES DE QUESTIONS

Question 1. « Les ruches connectées vont-elles sauver les abeilles ? »

Programme de Terminale, « Architecture matérielle, systèmes d'exploitation et réseaux ». Question transversale avec la spécialité SVT, programme de Première « Écosystèmes et services environnementaux »

C'est une question propre à la spécialité : L'enseignement de spécialité NSI se déploie en vous mettant en activité sous des formes variées qui permettent de développer des compétences transversales comme : faire preuve d'autonomie, d'initiative et de créativité, ainsi que de coopérer au sein d'une équipe dans le cadre d'un projet. Montrez que vous avez un regard critique sur l'informatique et sur les résultats qu'elle fournit.

C'est une question en lien avec votre projet professionnel : Ouverture possible vers les métiers de :

- Vétérinaire
- Ingénieur·e en agronomie
- BTS Gestion et protection des milieux naturels
- Apiculteur ou apicultrice

Type de plan : Plan de type « constat – besoin – solution ».

EXEMPLE

Introduction
Partie 1. Constat : les colonies d'abeilles mellifères d'Europe sont menacées
Partie 2. Besoin : observer en temps réel et à distance l'activité au sein des ruchers à l'aide de capteurs électroniques
Partie 3. Solution : une ruche connectée
Conclusion

Plan détaillé et support écrit → Ressources numériques NSI, p. 2

Question 2. « Comment faire apprendre un robot ? »

Programme de Terminale, « Algorithmique », « Langage et programmation »

C'est une question propre à la spécialité : L'enseignement de NSI en Terminale vous invite à découvrir différents paradigmes de programmation. La recherche en Intelligence Artificielle qui met en œuvre les réseaux neuronaux et le « machine learning » est une branche en plein développement promise à un grand avenir. Quels en sont les ressorts ?

C'est une question en lien avec votre projet professionnel : Le sujet invite à réfléchir aux conséquences du développement de l'intelligence artificielle et à l'intrusion du numérique dans tous les secteurs de la société. Elle peut ouvrir d'une part vers la recherche en informatique mais aussi vers les sciences cognitives, et d'autre part vers les métiers du droit qui va évoluer au rythme des innovations dans ce domaine.

Type de plan : Plan à structure classique.

EXEMPLE

Introduction
Partie 1. Le dispositif expérimental
Partie 2. Le principe des apprentissages
Partie 3. Les phases d'apprentissage
Conclusion

Plan détaillé et support écrit → Ressources numériques NSI, p. 4

Question 3. « Comment partager des biens culturels ? »

Programme de Terminale, « Base de données relationnelles ».

C'est une question propre à la spécialité : Médiathèque participative. Projet réalisé dans le cadre du cours de spécialité de NSI.

C'est une question en lien avec votre projet professionnel :
Les métiers du web sont en évolution constante et fournissent de multiples opportunités dans le monde des systèmes communicants et le domaine de la cybersécurité.

Type de plan : Plan de type « constat – besoin – solution ».

EXEMPLE

Introduction
Partie 1. Constat : les plateformes de diffusion de biens culturels ne sont pas toujours légales ou représentent un budget que tout le monde n'est pas prêt à dépenser ou ne peut pas dépenser
Partie 2. Besoin : une médiathèque alimentée et enrichie par ses utilisateurs et utilisatrices
Partie 3. Solution : le projet « *In your pocket* »
Conclusion

Plan détaillé, support écrit et développement
→ Ressources numériques NSI, p. 7

Dans les ressources numériques NSI, vous trouverez aussi :
→ Liste non exhaustive des sources propres à la spécialité, p. 10
→ Liste des thèmes au programme, p. 11

PHYSIQUE-CHIMIE

Les ressources numériques Physique-Chimie

MINI-LIENS minilienrobert.com/1GTPC

DES CONSEILS POUR VOUS PRÉPARER AU GRAND ORAL TOUT AU LONG DE L'ENSEIGNEMENT DE LA SPÉCIALITÉ PHYSIQUE-CHIMIE

- Les programmes de Physique-Chimie du cycle terminal mettent en avant l'importance de pratiquer, d'expérimenter, de tester, de modéliser, afin de former aux méthodes de raisonnement et d'analyse.

- Pour préparer l'épreuve du Grand Oral, il faut veiller à choisir des sujets qui utilisent la **démarche scientifique** et qui montrent l'importance de l'**expérimentation** et de la **modélisation** pour valider ou invalider une hypothèse, afin de construire un modèle.

- Veillez donc, lorsque vous cherchez votre question, à vous appuyer sur un sujet qui vous permettra de réaliser une expérience, de mettre en œuvre un protocole puis valider les résultats par une modélisation.

Vous pouvez aussi vous appuyer sur la démarche scientifique :
– Observer un phénomène.
– Formuler une problématique.
– Émettre une ou plusieurs hypothèses.
– Réaliser une ou plusieurs expériences : expérimenter.
– Valider ou invalider la ou les hypothèses.
– Construire un modèle, une théorie.

- Veillez aussi à l'incertitude sur les mesures ; si vous faites une expérience, refaites-la plusieurs fois, prenez l'ensemble des mesures, et pensez à faire un traitement statistique des résultats (écart type, incertitude type, intervalle de confiance).

- Ne faites pas de conclusion sur un seul résultat.

- Discutez la validité de vos mesures, de vos résultats.

- Si vos résultats ne sont pas fidèles, discutez les sources d'erreurs possibles (expérimentateur, instrument de mesure, précision, reproductibilité, etc.).

DES EXEMPLES DE QUESTIONS

Question 1. « Comment dater la mort d'une personne momifiée ? »

Programme de Terminale, thème « Constitution et transformations de la matière », Modéliser l'évolution temporelle d'un système, siège d'une transformation nucléaire.

C'est une question propre à la spécialité : Dans le cadre de l'enseignement de spécialité, vous êtes amené·e à réinvestir les connaissances sur les transformations nucléaires (isotopie, équations des transformations, aspects énergétiques), puis en première dans l'enseignement scientifique (demi-vie, caractère aléatoire de la désintégration). Cette fois, il s'agit d'exploiter le diagramme (N ; Z) et d'étudier la loi d'évolution d'une population de noyaux radioactifs en exploitant l'équation différentielle linéaire du premier ordre (Mathématiques).

C'est une question en lien avec votre projet professionnel : Le sujet vous invite à vous questionner sur le rôle de la physique nucléaire dans le domaine de l'archéologie.

Type de plan : Thématique.

EXEMPLE

Introduction

Partie 1. La décroissance radioactive

Partie 2. Datation par le carbone 14

Conclusion

Plan détaillé et support écrit

→ Ressources numériques Physique-Chimie, p. 2

Question 2. « Comment le flash d'un appareil photo fonctionne-t-il ? »

Programme de Terminale, thème « Ondes et signaux », Étudier la dynamique d'un système électrique. Question transversale avec la spécialité Mathématiques.

C'est une question propre à la spécialité : Dans le cadre de l'enseignement de spécialité, vous êtes amené·e à vous intéresser au comportement capacitif de certains dipôles et à introduire les notions de régime transitoire, régime stationnaire et temps caractéristique, en exploitant l'équation différentielle linéaire du premier ordre (mathématiques). Vous réinvestissez plusieurs compétences acquises depuis la Seconde : réalisation de circuits électriques, étude de dipôles, mesures de tensions et d'intensité.

C'est une question en lien avec votre projet professionnel : Le sujet vous invite à vous questionner sur le rôle des composants électroniques, des capteurs, dans le domaine de l'électronique, de l'ingénierie, et de la domotique notamment.

Type de plan : Thématique.

EXEMPLE

Introduction
Partie 1. Le condensateur
Partie 2. Charge et décharge d'un condensateur
Conclusion

Plan détaillé et support écrit

→ Ressources numériques Physique-Chimie, p. 3

Question 3. « Comment déterminer la concentration en ions chlorure d'une eau minérale pour vérifier sa potabilité ? »

Programme Terminale, thème « Constitution et transformations de la matière », Analyser un système par des méthodes chimiques.

C'est une question propre à la spécialité : Dans le cadre de l'enseignement de spécialité, vous êtes amené·e à mettre en œuvre différentes techniques expérimentales qui permettent de déterminer la composition chimique d'un système chimique. Après avoir abordé la notion de dosages en classe de Première, vous étudiez les titrages, basés sur le suivi de l'évolution d'un système au cours d'une réaction chimique.

C'est une question en lien avec votre projet professionnel : Le sujet vous invite à vous questionner sur les différentes techniques à mettre en œuvre pour réaliser l'analyse d'un système chimique, dans le domaine du contrôle qualité et de l'ingénierie chimique.

Type de plan : Thématique.

EXEMPLE

Introduction
Partie 1. Le principe du dosage par étalonnage
Partie 2. Le principe du titrage avec suivi conductimétrique
Conclusion

Plan détaillé, support écrit et développement

→ Ressources numériques Physique-Chimie, p. 5

Dans les ressources numériques Physique-Chimie, vous trouverez aussi :

→ Liste non exhaustive des sources propres à la spécialité, p. 9
→ Liste des thèmes au programme, p. 10

SCIENCES ÉCONOMIQUES ET SOCIALES

Les ressources numériques SES MINI-LIENS minilienrobert.com/1GTSES

DES CONSEILS POUR VOUS PRÉPARER AU GRAND ORAL TOUT AU LONG DE L'ENSEIGNEMENT DE LA SPÉCIALITÉ SES

Le programme : une contrainte qui ménage beaucoup de liberté en SES

Un générateur d'idées

Au moment de choisir un thème qui vous intéresse, le lien avec le programme ne doit pas être un frein à vos réflexions. Voyez-le plutôt comme un générateur d'idées ! Surtout que :
– Le lien entre le programme et votre thème (et donc votre question) peut être à l'échelle d'un chapitre (ex. : « le chômage », « l'entreprise ») ou d'un point très précis (ex. : le salaire minimum, une figure d'entrepreneur).

– Le programme de SES porte sur des modèles et des théories, qui sont illustrés dans vos cours par des exemples. Le choix de votre thème peut donc partir d'un pays ou une période qui vous intéresse particulièrement, dans lesquels vous vous intéresserez à un thème au programme.
→ Liste des thèmes au programme, p. 15

EXEMPLE
Le chômage en France aujourd'hui est un thème bien différent du chômage pendant la crise des années 1930 ou du chômage au Mali.

– Le programme de Terminale est orienté vers la compréhension des phénomènes économiques et sociaux qui sont les grands enjeux de notre époque, et est donc facile à relier à des sujets d'intérêt personnel ou d'actualité (qui ont d'ailleurs également beaucoup de chances d'être abordés aussi par le programme de votre autre enseignement de spécialité).

EXEMPLE
Les inégalités, le changement climatique, les effets du numérique sur l'emploi et le travail, les politiques et crises économiques, la régulation du commerce international, l'engagement politique, etc.

– Le programme de Première est orienté vers l'acquisition des « éléments fondamentaux de l'économie, de la sociologie et de la science politique ». En pratique donc, quel que soit le thème que vous ayez en tête, même le plus farfelu, s'il a un lien avec l'une de ces trois sciences, vous trouverez de quoi le relier au programme de Première.

Un vaste choix

– **Toutes les entreprises peuvent être abordées** soit en mobilisant les questionnements du programme portant sur le marché (dans le contexte

de leur concurrence), soit en mobilisant le questionnement portant sur l'organisation et la gouvernance des entreprises (entrepreneur, cycle de vie, organisation de la décision, relations avec les parties prenantes, etc.).
– **Toutes les activités de production marchande peuvent être abordées** en mobilisant les questionnements du programme portant sur le marché, concurrentiel ou imparfaitement concurrentiel.

EXEMPLE
La chirurgie esthétique en Corée du Sud (sources du pouvoir de marché, oligopole, barrières à l'entrée, etc.)

– **Tous les comportements sociaux peuvent être abordés** en mobilisant les questionnements du programme portant sur la socialisation, les liens sociaux (solidarités, individualisation) ou la déviance.

EXEMPLE
Les fêtes d'anniversaire, le tatouage, le rugby féminin, le choix du conjoint en Inde, ou la chirurgie esthétique en Corée du Sud !

– **Tous les grands débats publics peuvent être abordés** en mobilisant le questionnement du programme portant sur l'opinion publique et le rôle des sondages.

EXEMPLE
L'opinion publique sur l'immigration, la construction européenne, l'euthanasie, les taxes environnementales, la fraude fiscale, le mariage pour tous, etc.

– **Toutes les élections, les référendums ou les mouvements sociaux peuvent être abordés** en mobilisant les questionnements du programme portant sur l'opinion publique, le vote (ou l'engagement politique en Terminale).

Le lien avec le projet d'orientation

En SES, certains questionnements au programme peuvent facilement correspondre à un intérêt, par exemple, pour :
– Un secteur d'activité économique ou une entreprise (voir dans le programme les questionnements sur entreprise, marché, commerce international). Ex. : habillement, sport, art.
– Un domaine d'étude : commerce, vente, commerce international (entreprise, marché, commerce international) ; ressources humaines (entreprise) ; relations internationales, économie internationale (commerce international, cadre européen, environnement) ; banque, finance (monnaie, finance, crises financières) ; etc.
– Une valeur, une cause ou une aspiration qui a de l'importance à vos yeux, et qui explique vos projets d'orientation : la justice, la lutte contre les inégalités (mobilité sociale, action de l'École, justice sociale) ; un engagement politique (y compris associatif) ; etc.

Le support écrit

De nombreuses possibilités s'offrent à vous. → Préparer le 1er temps : 3. Concevez votre support écrit, p. 121 En SES, n'hésitez pas à ajouter dans le plan un ou deux tableaux, schémas, graphiques, et les chiffres cités, à condition qu'ils vous aident à présenter vos arguments, et qu'ils ne soient pas trop longs à reproduire.
Veillez particulièrement à donner des titres aux tableaux et graphiques, à préciser les sources, unités, lieux et dates des données.
Si vous n'exploitez pas entièrement le document à l'oral dans votre présentation de 5 minutes, c'est en tous cas une bonne façon d'accrocher l'œil du jury, et d'orienter les échanges qui suivront votre présentation.

DES EXEMPLES DE QUESTIONS EN SES

EXEMPLE

- « Comment les discriminations sont-elles mesurées ? » OU « Pourquoi est-il si difficile de mesurer les discriminations ? » OU « Est-il si difficile de mesurer les discriminations ? »
- « Comment expliquer la sortie du Royaume-Uni de l'Union Européenne ? » OU « Comment les causes économiques ont-elles contribué à la sortie du Royaume-Uni de l'Union Européenne ? » OU « Les causes de la sortie du Royaume-Uni de l'Union Européenne sont-elles surtout économiques ? »
- « Quels sont les moyens pour rendre la croissance économique mondiale soutenable ? » OU « Pourquoi l'innovation ne suffit-elle pas à assurer une croissance soutenable ? » OU « L'innovation suffit-elle à assurer une croissance soutenable ? »

Question 1. « Est-il si difficile de mesurer les discriminations ? »

Programme de Terminale, Regards croisés « Quelles inégalités sont compatibles avec les différentes conceptions de la justice sociale ? » et de Première, Sociologie et science politique « Quels sont les processus sociaux qui contribuent à la déviance ? »

C'est une question propre à la spécialité : Les discriminations sont un thème régulièrement agité par l'actualité et qui fait l'objet d'une présence croissante dans le débat public et l'agenda politique. Le sujet permet de l'interroger sous deux angles différents : celui des moyens pour l'Etat de la lutte contre les discriminations, et celui, pour le sociologue en tant qu'expert éclairant l'action publique, de la difficulté à mesurer les discriminations.

C'est une question en lien avec votre projet professionnel : Le thème des discriminations peut être relié à de nombreux domaines d'études et secteurs professionnels : le droit, l'action sociale, les ressources humaines, le sport, mais peut aussi exprimer une sensibilité personnelle cohérente avec un ensemble de projets d'orientation encore plus large.

Type de plan : Dialectique. Il s'agit à la fois de montrer les difficultés de mesure des discriminations tout en faisant apparaitre les conditions qui pourraient améliorer cette mesure et contribuer ainsi à la lutte contre les discriminations.

EXEMPLE

Introduction

Partie 1. Oui, il est difficile de mesurer les discriminations (chiffre noir, confusion avec les autres explications des inégalités observées)

Partie 2. Mais il en existe des mesures utiles, dont le plus grand usage nécessite le soutien des pouvoirs publics (enquêtes de discrimination ressentie, testing)

Conclusion

Plan détaillé et support écrit → Ressources numériques SES, p. 7

Question 2. « Pourquoi l'innovation ne suffit-elle pas à assurer une croissance soutenable ? »

Programme de Terminale, Science économique « Quels sont les sources et les défis de la croissance économique ? ». Il est également possible de mobiliser pour répondre à ce sujet le questionnement de Regards croisés, « Quelle action publique pour l'environnement ? » et dans le programme de Première, Science économique, « Quelles sont les principales défaillances du marché ? », en insistant sur les limites des instruments des politiques climatiques et les difficultés de leur coordination à l'échelle internationale, pour réduire les externalités et gérer les biens communs.

C'est une question propre à la spécialité : Les questions de la capacité de la production à satisfaire les besoins humains malgré la rareté des ressources, et du rôle du progrès technique pour résoudre cette équation sont centrales dans l'histoire de la science économique. Ce sont aussi des questions d'actualité, théoriques (stagnation séculaire, critères de soutenabilité) et qui animent le débat public (politiques environnementales, conséquences du changement climatique). La question peut être traitée de façon transversale avec presque toutes les autres spécialités (innovation, autres politiques de lutte contre le changement climatique ou leur perception).

C'est une question en lien avec votre projet professionnel : Le choix de cette question peut correspondre à une volonté d'inscrire l'action en faveur de l'environnement dans sa poursuite d'études, quel qu'en soit le domaine. Mais elle interroge également le sens du progrès technique, les politiques publiques, et les préférences et comportements individuels en matière de consommation et d'écologie, et permet donc facilement de les relier à des préoccupations personnelles en se positionnant simplement comme citoyen·ne.

Type de plan : Dialectique et thématique. Il s'agit de répondre « oui » et / ou « non », selon en particulier la définition de « soutenabilité » de la croissance.

EXEMPLE

Introduction
Partie 1. Effet-rebond
Partie 2. Soutenabilité forte
Partie 3. Institutions et investissements favorables à l'innovation
Conclusion

Plan détaillé et support écrit → Ressources numériques SES, p. 9

Question 3. « Les causes de la sortie du Royaume-Uni de l'Union Européenne sont-elles surtout économiques ? »

Programme de Terminale, Science économique « Quels sont les fondements du commerce international et de l'internationalisation de la production ? » et « Quelles politiques économiques dans le cadre européen ? ». Programme de Première, Sociologie et science politique « Voter : une affaire individuelle ou collective » et « Comment se forme l'opinion publique ? ».

C'est une question propre à la spécialité : C'est un objectif explicite du programme de la spécialité que de permettre de comprendre des situations concrètes et les grands enjeux économiques, sociaux et politiques. Le Brexit se prête parfaitement à cet exercice. Par ailleurs, ce sujet peut mobiliser dans la spécialité HGGSP le programme de Première, thème 1 « Comprendre un régime politique : la démocratie », le jalon « L'Union européenne face aux citoyens et aux États : les remises en question depuis 1992 ».

C'est une question en lien avec votre projet professionnel : Le sujet porte à la fois sur les domaines du commerce international, des relations internationales, mais également de la communication et de la science politique, de la sociologie et du droit. Il peut également être associé à des intérêts portant sur l'influence du numérique et des réseaux sociaux, en leur accordant une place dans les explications données.

Type de plan : Plan par échelle (Union Européenne, Royaume-Uni), thématique (les explications économiques, politiques et sociales) et dialectique (« oui » / « non »).

EXEMPLE

Introduction
Partie 1. La sortie de l'UE : un non-sens économique ?
Partie 2. Un vote à fort enjeu rendu possible par la rencontre d'une offre et d'une demande politiques
Partie 3. Une sociologie du vote pour le Brexit qui peut s'expliquer par des inégalités économiques croissantes
Conclusion

Plan détaillé et support écrit → Ressources numériques SES, p. 11

Dans les ressources numériques SES, vous trouverez aussi :
→ Comment penser votre question en SES ?, p.2
→ Comment formuler votre question en SES, p. 4
→ Liste non exhaustive des sources propres à la spécialité, p. 14
→ Liste des thèmes au programme, p. 15

SCIENCES DE LA VIE ET DE LA TERRE

Les ressources numériques SVT

MINI-LIENS minilienrobert.com/1GTSVT

DES CONSEILS POUR VOUS PRÉPARER AU GRAND ORAL TOUT AU LONG DE L'ENSEIGNEMENT DE LA SPÉCIALITÉ SVT

Soyez enthousiaste pour votre question

Afin que vous éprouviez de l'enthousiasme lors de la préparation de votre question, il faut que vous vous l'appropriiez, que cette question vous parle. Lorsque que vous choisissez les thèmes sur lesquels appuyer votre question, essayez autant que possible d'affiner vos envies :
– Vous pouvez avoir envie de présenter une vision d'ensemble sur le thème ou bien d'aborder un point plus précis : un exemple qui vous a marqué·e, une pathologie particulière, une nouvelle découverte, un traitement médiatique de ce thème.
– Vous pouvez choisir de traiter votre thème par une entrée issue de la culture ou de l'actualité.

EXEMPLE
Vous souhaitez parler des X-Men dans le thème « Mutations de l'ADN et variabilité génétique », ou des midi-chloriens de *Star Wars* dans le thème « La complexification des génomes : transferts horizontaux et endosymbioses » ou encore de Greta Thunberg dans le thème « Comprendre les conséquences du réchauffement climatique et les possibilités d'actions ».

Précisez les contours du ou des thèmes choisis

Afin de trouver des anecdotes, des constats, des approches et d'affiner ainsi votre sujet vous devez vous documenter. L'idée est d'établir un état des lieux des connaissances sur votre chapitre et son envergure.
Pour cela, vous devez :
– Commencer par définir les termes qui constituent l'intitulé de chapitre.
– Limiter ce thème avec l'aide des programmes officiels et de votre professeur·e : en effet, les programmes contiennent souvent en fin de chapitre des précisions ou limites.

EXEMPLE
Il est ainsi précisé : « On se limite au muscle strié squelettique » dans le thème « La cellule musculaire : une structure spécialisée permettant son propre raccourcissement ».

Pour embrasser l'étendue de votre thème et préciser quel axe vous souhaitez développer, posez-vous les questions suivantes à propos de ce qui est étudié dans votre thème :
– Qu'est-ce que c'est ?
– Comment cela fonctionne-t-il ?
– Cela présente-t-il une variation dans le temps / dans l'espace / en fonction des individus / en fonction des espèces ?

– Cela est-il régulé et si oui comment ?
– Quelles en sont les causes ?
– Quelles en sont les conséquences ?
– Existe-il des applications : à quoi les savoirs sur ce sujet sont-ils utiles ?
– Comment cela a-t-il été découvert / mis en évidence ?
– Où en sont les connaissances actuelles sur ce chapitre ?

Soyez rigoureux ou rigoureuse

Que ce soit pour chercher des informations et documents afin de vous aider à formuler votre question ou plus tard pour votre développement, vous allez devoir exercer votre esprit critique. En effet, les SVT ne sont pas des sciences approximatives, il va donc falloir faire preuve de rigueur scientifique et d'exactitude. Cela implique d'utiliser des sources qui sont correctes, avérées et précises. Pour trouver des documents qui respectent ces conditions, vous devrez trier. → Comment tester la fiabilité de vos sources ?, p. 93 Une fiche duplicable spécifique pour les SVT vous est proposée en ligne. → Ressources numériques SVT, p. 19

DES EXEMPLES DE QUESTIONS EN SVT

Question 1. « Comment une mutation génétique pourrait conduire au phénotype de Mystique dans les X-Men ? »

Programme de Première, thème « La Terre, la Vie et l'organisation du vivant », chapitres « Mutations de l'ADN et variabilité génétique » et « L'expression du patrimoine génétique ».

C'est une question propre à la spécialité : Dans le cadre de l'enseignement de la spécialité SVT, vous devez démontrer votre capacité à observer le vivant et intégrer des données afin d'en expliquer l'état. Le sujet se prête à l'observation et la description des phénotypes à différentes échelles et à l'identification de leurs liens, mais aussi à l'explication de la relation entre génotype et phénotype.

C'est une question en lien avec votre projet professionnel : Le sujet invite à étudier les symptômes d'une pathologie d'origine génétique et à se questionner sur les conséquences des mutations. Ce sujet peut donc être en lien avec une orientation professionnelle dans les domaines liés à la santé et à la recherche en génétique. Son approche atypique en fait également un sujet idéal dans la cadre d'une orientation dans les métiers de la vulgarisation scientifique.

Type de plan : Plan par échelle. Utilisable si le mécanisme que vous expliquez repose sur l'intrication de différentes échelles : de la molécule à l'organisme ou de l'échelle atomique, puis microscopique (minéral), macroscopique (roche), de l'affleurement et enfin à l'échelle régionale.

EXEMPLE

Vous vous appuyez pour ce sujet sur la pathologie de la méthémoglobinémie qui se traduit par la coloration de la peau en bleu et notamment sur le cas documenté de la famille Fugates. Comme pour d'autres cas de pathologies liées à des mutations que vous avez vues en cours, vous allez construire un plan par échelle en partant ici de ce qui est observable (la peau bleue de

Mystique) et en allant à une échelle de plus en plus petite pour comprendre ce qui cause cette coloration.

Partie 1. Les phénotypes macroscopique et cellulaire associés à la méthémoglobinémie
Partie 2. Le phénotype moléculaire associé à la méthémoglobinémie
Partie 3. La recherche d'une mutation génétique induisant l'accumulation de méthémoglobine dans le sang

Plan détaillé et support écrit
→ Ressources numériques SVT, p. 9

Question 2. « Quelles méthodes permettent de dater l'histoire de la Terre ? »

Programme de Terminale, thème « La Terre, la Vie et l'organisation du vivant », sous-thème « À la recherche du passé géologique de notre planète », chapitre « Le temps et les roches ».

C'est une question propre à la spécialité : Dans le cadre de l'enseignement de la spécialité SVT, vous devez démontrer votre capacité à comprendre et utiliser des méthodes permettant de reconstituer l'histoire de la Terre notamment à partir d'observations de terrain. Le sujet se prête à l'exercice d'un regard critique sur les méthodes employées par les géologues : quels sont leurs avantages et quelles informations ont-elles permis d'obtenir ? Mais aussi quelles sont leurs limites et comment ont-ils pu y pallier afin de reconstituer l'histoire passée de roches, d'affleurements et de la Terre ?

C'est une question en lien avec votre projet professionnel : Le sujet invite à étudier les méthodes de datation employées par les géologues. Ce sujet peut donc être en lien avec une orientation professionnelle dans les domaines liés à la géologie notamment la géophysique, la géomorphologie, la sédimentologie, la paléontologie, la géochimie et la cartographie.

Type de plan : Plan par méthodes / par approches. Il permet de construire votre réponse en présentant les méthodes qui ont permis de comprendre votre mécanisme, les connaissances qu'elles ont pu apporter puis leurs limites et en quoi d'autres méthodes sont complémentaires.

EXEMPLE

Vous avez identifié 3 grandes méthodes permettant de répondre à votre question : la lithostratigraphie, la biostratigraphie et la radiochronologie.
Vous pouvez faire 3 ou 2 parties selon vos souhaits.

En 3 parties :

Partie 1. La lithostratigraphie : proposition d'une chronologie relative des évènements géologiques
Partie 2. La biostratigraphie : découpage du temps grâce aux fossiles
Partie 3. La radiochronologie : ancrage des évènements géologique dans un temps absolu

En 2 parties :

Partie 1. Les méthodes de datation relative : reconstitution de la chronologie des évènements géologiques
Partie 2. Les méthodes de datation absolue : attribution d'un âge chiffré aux évènements géologiques

Plan détaillé et support écrit → Ressources numériques SVT, p. 11

Question 3. « Quels sont les arguments scientifiques démontrant l'origine anthropique du Réchauffement climatique mondial (RCM) ? »

Programme de Terminale, thème « Enjeux planétaires contemporains », sous-thème « Les climats de la Terre : comprendre le passé pour agir aujourd'hui et demain », chapitre « Reconstituer et comprendre les variations climatiques passées ». Le sujet permet aussi de réinvestir des notions vues en tronc commun dans l'enseignement scientifique.

C'est une question propre à la spécialité : Dans le cadre de l'enseignement de la spécialité SVT, vous devez démontrer votre capacité à faire preuve d'esprit critique scientifique en appréhendant le monde actuel et son évolution. Le sujet se prête à la recherche des causes d'un phénomène observé et quantifié par la comparaison de données actuelles avec des données passées issues de proxys et de mesures indirectes.

C'est une question en lien avec votre projet professionnel : Le sujet invite à étudier de larges jeux de données, à différencier corrélation et causalité, à croiser les données afin de construire des modèles fiables et à informer et s'éduquer sur des sujets de société. Ce sujet peut donc être en lien avec une orientation professionnelle dans les domaines liés à la vulgarisation scientifique, à la construction et à l'exploitation de modèles numériques scientifiques, à la recherche dans le développement durable.

Type de plan : Plan descriptif / comparatif. Vous allez construire votre réponse autour d'un objet en le présentant, des notions les plus simples aux plus complexes et plus intégrées.

EXEMPLE

Le sujet porte donc sur le RCM et ses causes. Vous allez donc présenter l'objet de votre question puis complexifier votre propos :

Partie 1. Mise en évidence de l'évolution récente du climat

Partie 2. Une première piste dans la recherche des causes du RCM : comparaison avec les variations climatiques passées

Partie 3. Les arguments en faveur de l'origine anthropique du RCM

Ici la première partie est la plus simple. C'est le moment où l'on se crée une base de données, ou l'on documente le phénomène puis dans la seconde partie, on introduit un point de comparaison et on décèle les points communs et les incohérences. Enfin, dans la troisième partie, on dresse un bilan et on réémet de nouvelles hypothèses qu'on doit éprouver : c'est donc la partie la plus complexe et celle qui intègre les informations vues dans les deux parties précédentes.

Plan détaillé, support écrit et développement

→ Ressources numériques SVT, p. 12

Dans les ressources numériques SVT, vous trouverez aussi :

→ Comment utiliser vos recherches pour arriver à la formulation de votre question en SVT ?, p. 2
→ Comment développer votre question en SVT, p. 5
→ Comment vous préparer au 2e temps du Grand Oral en SVT ?, p. 8
→ Test de fiabilité des sources propre à la SVT, p. 19
→ Liste non exhaustive des sources propres à la spécialité, p. 20
→ Liste des thèmes au programme, p. 23

VOIE TECHNOLOGIQUE

L'EXEMPLE DE LA STMG

Les ressources numériques STMG

MINI-LIENS minilienrobert.com/1GTSTMG

Vous devez préparer deux questions pour votre Grand Oral, pour cela vous avez les choix suivants à votre disposition :
– 1 question dans la spécialité Droit & Économie ;
– 1 question dans la spécialité Management, Science de Gestion & Numérique.
Vous pouvez croiser les deux matières et faire un sujet Management, Science de Gestion & Numérique et Droit & Économie.
Si vous prenez un sujet en Droit & Économie, il sera plus simple de le faire individuellement, en revanche les sujets intégrant le Management Science de Gestion & Numérique sont des sujets collectifs (3 à 4 élèves).

LES QUESTIONS EN DROIT & ÉCONOMIE (PROJET INDIVIDUEL)

EXEMPLE

Quelques exemples de questions pour la spécialité Droit & Économie :

- « Comment peut évoluer le commerce mondial avec la crise du COVID-19 ? »
- « Comment l'État intervient-il pour limiter les crises : la crise du COVID-19 ? »
- « La croissance économique est-elle synonyme de bien-être humain ? »
- « Quelle est la politique de l'emploi dans le Grand Melun ? »
- « Quelles sont les particularités dans le mode de fixation des prix de la grande distribution et du petit commerce ? »
- « Comment l'État intervient-il pour maintenir la concurrence sur les marchés (fixation du prix des gels hydroalcooliques par exemple) ? »
- « L'ubérisation de l'économie est-elle juridiquement possible ? »
- « Quel est l'impact de l'ubérisation de l'économie sur l'emploi ? »

Quelques conseils

Pour les questions en Droit & Économie, il est primordial de bien suivre l'actualité durant vos deux années. Ce suivi vous permettra de trouver plus facilement votre question et d'avoir des sources récentes et variées. En effet ces deux disciplines évoluent régulièrement et il n'est pas possible de préparer le Grand Oral avec des informations qui ne sont pas d'actualité (trop datées).

Quelles sources ?

Pour cela vous pouvez trouver des informations sur les supports suivants :
– Des périodiques, au format papier ou numérique : *Le Figaro, Les Échos, Le Monde, Alternatives économiques, La Gazette du Palais*, etc.
– Le site de la Cour de cassation.
– Des émissions de télévision sont également une bonne source d'information : *C'est dans l'air* sur France 5 ou encore les émissions de débats sur les chaînes d'informations continues (LCI, BFM, etc.).
– Des documentaires, des interviews réalisées sur ces mêmes chaînes (*Perri Scope, Lenglet déchiffre, Le Grand jury, BFM politique, La Chronique eco*, etc.).
– Des vidéos sont également disponibles sur YouTube et Dailymotion.

Question 1. « Comment peut évoluer le commerce mondial avec la crise du COVID-19 ? »

Programme d'économie, thème 8 dans la spécialité Droit & Économie.

C'est une question propre à la spécialité : Dans le cadre de l'enseignement de Droit & Économie, vous devez faire preuve d'une capacité à prendre du recul sur l'actualité, à la déchiffrer et à l'exploiter pour aider votre entreprise sur son marché.

C'est une question en lien avec votre projet professionnel : Poursuite d'études à la faculté en GEA car l'économie est une des composantes de l'environnement des entreprises qu'il faut suivre afin de rester compétitif.

Type de plan : Plan analytique.

EXEMPLE

Introduction
Partie 1. Des impacts différents selon les secteurs…
Partie 2. … et selon les pays
Conclusion

Plan détaillé, support écrit et sources
→ Ressources numériques STMG, p. 2

Question 2. « L'ubérisation de l'économie est-elle juridiquement possible ? »

Programme de Droit & Économie, thèmes 5 et 8 dans la partie Droit ; thème 7 dans la partie Économie.

C'est une question propre à la spécialité : Notre environnement juridique et économique est en évolution permanente, il est nécessaire de prendre l'habitude de suivre les évolutions pour être de bon conseil au dirigeant·e de l'entreprise.
C'est une question en lien avec votre projet professionnel : Poursuite d'études en Ressources Humaines, pour travailler dans le service du personnel voire juridique des entreprises.
Type de plan : Plan comparatif.

EXEMPLE
Introduction
Partie 1. Qu'est-ce que l'ubérisation de l'économie ?
Partie 2. La position du droit du travail
Partie 3. La clarification de la Cour de cassation
Conclusion

Plan détaillé, support écrit et sources
→ Ressources numériques STMG, p. 4

LES QUESTIONS EN DROIT & ÉCONOMIE ET SDGN & MANAGEMENT (PROJET DE GROUPE)

La démarche

Le travail s'appuie sur de la recherche d'information, de la sélection d'information, la formulation d'une question attachée à une organisation et sur une production finale.

Cette approche implique donc :
– la définition d'objectifs ;
– la description des activités à réaliser et leur articulation ;
– le choix des techniques à mettre en œuvre et des outils technologiques à mobiliser ;
– la maîtrise des contraintes temporelles et matérielles qui vont conditionner la réussite du projet.

Vous pouvez être amené·e à privilégier une dimension de la question, dans ce cas, votre choix devra être argumenté.

Il est nécessaire de faire des liens entre l'Économie, le Droit, le Management et les Sciences de Gestion & Numérique afin de parvenir à trouver une thématique utilisable pour le Grand Oral.

Le projet doit suivre une démarche individuelle et de groupe :
ÉTAPE 1 • ÉTUDE DU CONTEXTE [travail de groupe]
ÉTAPE 2 • PLANIFICATION DU PROJET [travail de groupe]
ÉTAPE 3 • EXÉCUTION DU PROJET [travail individuel]
ÉTAPE 4 • BILAN DU PROJET ET PRÉCONISATIONS [travail de groupe]

ÉTAPE 1 • ÉTUDE DU CONTEXTE

• Élaboration du contexte

Les différents types de projets envisagés en spécialité Gestion finance peuvent être :

– « Une entreprise qui se développe » : lancement d'un nouveau produit, d'une nouvelle activité, accroissement de la capacité de production, de commercialisation, recrutement d'un nouveau salarié, acquisition de nouvelles ressources, internationalisation, etc.

– « Une entreprise en difficulté » : identification du problème (baisse d'activité, diminution des marges et de la rentabilité, problèmes de trésorerie, etc.) et analyse des voies de recours possibles.

Les informations utiles à la construction d'un contexte :

Les informations générales sur l'organisation

Objectifs : caractériser l'organisation étudiée et réaliser un diagnostic stratégique.

Informations : raison sociale, secteur d'activité, forme juridique, ressources (humaines, matérielles, immatérielles et financières), environnement de l'entreprise, etc.

Les informations propres à la spécialité Gestion Finance

Objectif : mettre en œuvre les techniques et les méthodes propres aux sciences de gestion et notamment à la spécialité.

Informations : bilan, compte de résultat et annexe (sur plusieurs exercices), coût de financement (taux d'intérêt), données sectorielles, etc.

• Caractérisation de l'organisation étudiée

Un contexte est une organisation réelle : une entreprise de votre quartier, de votre ville, celle dans laquelle travaille un membre de votre famille, etc.

> Il est préférable de rechercher un commerce de quartier (boulangerie, boucherie, un·e artisan plombier, peintre, serrurier) avec lequel la communication d'éléments internes sera plus facile.

L'entreprise doit être d'une taille qui vous permette d'obtenir des informations facilement, il faut donc éviter les boutiques rattachées à des grands groupes (Zara, Nike, Under Armour, Apple, Bouygues Telecom,

Gemo, etc.) pour lesquelles l'obtention d'informations comptables est quasiment impossible.

> Vous pouvez, par exemple, vous appuyer sur l'organisation utilisée pour votre étude de Première STMG.

À partir de vos cours de Management et de Gestion vous allez devoir construire ce contexte en présentant le nom de l'organisation, le statut juridique, les ressources, les finalités, etc.
Pour réaliser ce travail il faut :
– Rencontrer les dirigeant·es de l'organisation et ainsi réaliser un guide d'entretien.
– Obtenir des données chiffrées de l'organisation avant de pouvoir définir le problème / besoin de l'organisation.

> En raison de la confidentialité des données, il n'est pas forcément nécessaire d'avoir les dernières données chiffrées, les informations peuvent être anciennes. Si les données recueillies sont trop complexes, vous les simplifierez avec l'aide de votre professeur·e.

En complément des informations recueillies, vous pouvez vous aider d'Internet. Tous ces sites vous permettront d'obtenir des informations concrètes sur l'entreprise : les dirigeant·es, le capital social, le lieu du siège social et les données chiffrées (bilan, compte de résultat, etc.). Attention, toutefois, les informations peuvent être payantes.

- **Réalisation du diagnostic stratégique**

Il vous faudra ensuite analyser le contexte, simplifier les documents obtenus et trouver quels sont les besoins de l'entreprise. Pour trouver les besoins de l'entreprise, vous devrez réaliser un diagnostic stratégique interne et externe.

Vous allez donc être au cœur d'une entreprise dans laquelle vous devrez identifier un besoin et proposer des solutions argumentées pour répondre au problème posé.

Vous allez être soumis à des contraintes qui peuvent être de trois ordres :
1. Budgétaire → Avez-vous un budget à ne pas dépasser ?
2. Temporelle → De combien de temps disposez-vous pour réaliser le projet ? Quelle est la date limite de restitution de la production ?
3. Qualitative → Jusqu'où aller dans la production ? Une ébauche, une production intermédiaire, un produit terminé et opérationnel ?

- **Identification du problème ou du besoin**

À partir de vos supports de cours vous allez devoir sélectionner, identifier quels sont les problèmes / besoins de votre organisation. Pour cela appuyez-vous sur les thèmes et les programmes de la spécialité.
→ Ressources numériques STMG, p. 15

Vous pouvez aussi utiliser la cartographie → Ressources numériques STMG, p. 28 qui reprend les thèmes du programme du Management, Science de Gestion & Numérique (dans le cercle) et les thèmes du programme de Gestion Finance afin de faire des liens entre les deux : partir du programme de Management, Science de Gestion & Numérique et ensuite aller vers le programme de Gestion Finance pour trouver des notions traitables dans votre projet.

ÉTAPE 2 • PLANIFICATION DU PROJET

• Définition des objectifs et identification des contraintes

Afin de découvrir et bien cerner le contexte de votre projet, il existe différentes méthodes d'analyse et de résolution de problèmes.

Vous pouvez utiliser la méthode du QQOQCP pour vous permettre de vous poser les bonnes questions.

Questions	Analyse
QUI	Dans quelle entreprise vous situez-vous ? Caractérisez-la. Quelles sont les parties prenantes concernées ? Dans quel pays vous situez-vous ? Dans quelle zone économique ? Qui sont les partenaires commerciaux principaux ?
QUOI	Quel est le besoin de cette entreprise ? Son problème ? En quoi consiste –t-il ? Que veut-on obtenir ?
OÙ	Dans quel service ? Quel produit ?
QUAND	À quelle période de la vie de l'entreprise ? À quel moment de son exercice comptable ?
COMMENT	Quelles méthodes allez-vous pouvoir mobiliser ? Quelles technologies ?
POURQUOI	Quels sont les enjeux pour l'entreprise ? Pour les parties prenantes ?
CONTEXTE	Description de la situation dans laquelle vous êtes, l'organisation, ses caractéristiques, son activité, etc., qui sont des informations utiles à la compréhension du problème à résoudre.

N'oubliez pas que lors de votre prestation orale vous devrez définir votre contexte de travail et justifier la méthodologie de travail retenue. Vous pourrez ainsi préparer un tableau de synthèse réalisé par tous les membres du groupe.

<table>
<tr><th colspan="6">TABLEAU DE SYNTHÈSE</th></tr>
<tr><td colspan="6">Identification du Problème ou du Besoin
Quel est le problème posé ou l'objectif général à atteindre par le groupe ?</td></tr>
<tr><td colspan="6"></td></tr>
<tr><td colspan="6">Définition des objectifs
Poser clairement les objectifs opérationnels de votre groupe.
Quel est ou quels sont les résultats à produire ?</td></tr>
<tr><td colspan="6"></td></tr>
<tr><td rowspan="2">Définition des contraintes</td><td>Temporelles</td><td>Humaines</td><td>Financières</td><td>Juridiques</td><td>Autres</td></tr>
<tr><td></td><td></td><td></td><td></td><td></td></tr>
<tr><td rowspan="2">Trouver des solutions</td><td colspan="3">Solutions proposées</td><td colspan="2">Solutions retenues</td></tr>
<tr><td colspan="3"></td><td colspan="2"></td></tr>
</table>

- **Détermination des activités à réaliser et choix des méthodes et outils de gestion à mobiliser**

Après avoir analysé le contexte et défini les objectifs à atteindre vous allez devoir organiser le travail au sein du groupe. Chaque membre du groupe a un rôle auquel va être associé un certain nombre de tâches. Vous aurez ainsi défini une liste des tâches. Vous pourrez présenter dans un tableau l'ensemble des tâches à accomplir. → Ci-après Il s'agira d'un travail collectif.

- **Répartition des tâches individuelles à réaliser**

Une fois ce plan de travail global défini, vous devrez procéder à la répartition des tâches entre les membres du groupe. Il faudra veiller à ce que chacun ait suffisamment de travail à réaliser afin de ne pas surcharger certains membres ou au contraire ne pas laisser certains membres sans travail.
Listez tous les travaux qui pourront être réalisés pour répondre aux objectifs et répartissez les tâches entre les membres du groupe.

RÉPARTITION DES TÂCHES			
Planification et répartition du travail			
Tâches	**Qui ?**	**Dates**	**Durée**

La nature de la tâche peut se décliner en travail personnel, réunion de groupe, présentation d'un travail personnel au groupe, mise à disposition du travail à un membre du groupe, mise en commun du travail, synthèse commune, validation des résultats (liste non exhaustive).

➔ **Rappel : N'oubliez pas que lors de votre prestation orale vous devrez justifier de la méthodologie de travail retenue et de la répartition des tâches retenue entre les membres du groupe. Vous devrez définir et répartir l'ensemble des tâches entre les membres de votre groupe.**

ÉTAPE 3 • EXÉCUTION DU PROJET

• Exécution des activités individuelles

Une fois l'ensemble des tâches déterminé et le travail réparti entre chaque membre du groupe, vous allez réaliser seul votre contribution au projet. Votre enseignant·e est présent·e pour vous guider et pour valider le travail réalisé.

Votre contribution personnelle à la réalisation du projet doit pouvoir être clairement distinguée. Pour cela vous pourrez remplir le tableau ci-dessous lors de chacune de vos périodes de travail.

CONTRIBUTION PERSONNELLE			
Démarche(s) mise(s) en œuvre	**TIC* utilisées**	**Résultats obtenus**	**Production**
Difficultés ou contraintes rencontrées :			

*TIC : Technologies de l'information et de la communication.

• **Contrôle des résultats obtenus**

Vous devez également prévoir des temps de concertation afin de vérifier que le travail avance correctement aussi bien du point de vue du contenu que du respect des délais.

Les réalisations effectuées mobilisent des compétences de Sciences de Gestion & Numérique en rapport avec la spécialité de Terminale et nécessitent le recours aux technologies de l'information et de la communication. Elles doivent concourir à répondre au besoin identifié lors de l'analyse du contexte.

ÉTAPE 4 • BILAN DU PROJET ET PRÉCONISATIONS

• **Mise en commun des résultats obtenus**

Lorsque les membres du groupe ont réalisé l'ensemble des tâches qui leur étaient assignées, il est nécessaire de se poser les questions suivantes :

– Les objectifs définis dans le tableau d'analyse du contexte du projet ont-ils été atteints ? Si certains ne le sont pas, pourquoi ?

– La coordination au sein du groupe s'est-elle bien déroulée ?

• **Proposition de solutions pour répondre au problème**

Une fois le travail bien avancé vous devez procéder à un choix : quelle(s) solution(s) retenir ?

– Quels documents permettront de diagnostiquer le problème et de présenter la synthèse des solutions et des résultats ?

TABLEAU DES SOLUTIONS	
Solutions / actions envisagées	**Outils / TIC à mettre en œuvre**

Dans une réponse argumentée, vous devez analyser les résultats obtenus par les différents membres de l'équipe et proposer une solution qui tienne compte de l'environnement économique et juridique de l'entreprise.

• Évaluation de la pertinence et de l'impact des solutions retenues

En vous appuyant sur vos analyses et résultats, vous présenterez les diverses solutions possibles et justifierez la solution retenue en fonction des spécificités de l'entreprise mais également du point de vue des différentes parties prenantes.

Les notions étudiées en cours d'Économie, de Droit ou de Management vous permettront d'étayer vos arguments.

<table>
<tr><th></th><th colspan="4">SYNTHÈSE DES DIFFÉRENTES ÉTAPES</th></tr>
<tr><th></th><th colspan="2">La démarche de projet</th><th>Comment ?</th><th>Pour quoi faire ?</th></tr>
<tr><td rowspan="5">RÉFLÉCHIR [travail de groupe]</td><td rowspan="4">ÉTAPE 1</td><td>Analyser le contexte</td><td>En repérant la situation, les acteurs, les mots-clés.</td><td rowspan="5">Une production collective qui synthétise les cinq éléments.</td></tr>
<tr><td>Identifier le problème ou un besoin</td><td>En repérant les dysfonctionnements, l'amélioration souhaitée, les possibilités de changement pour l'organisation.</td></tr>
<tr><td>Définir les objectifs</td><td>En repérant les différents domaines dans lesquels vous devez agir, les pistes à suivre, les outils TIC à utiliser, etc.</td></tr>
<tr><td>Identifier les contraintes</td><td>En repérant les contraintes financières, juridiques, organisationnelles, de temps, de matériel.</td></tr>
<tr><td>ÉTAPE 2</td><td>Répartir les activités et planifier le travail</td><td>Quelles activités, qui, quelles dates, combien de temps ?</td></tr>
</table>

AGIR [travail individuel]	ÉTAPE 3	Trouver ou construire une ou des solutions	Chaque élève doit produire une ou plusieurs activités mettant en œuvre : – Des méthodes (cours, technique, etc.). – Des technologies. Le groupe progresse par coordination, contrôle, synthèse, etc.	Une production individuelle qui s'appuie sur des supports numériques et qui propose une ou des solutions.
CONTRÔLER [travail de groupe]	ÉTAPE 4	Valider la ou les solutions	Les conclusions des travaux individuels sont mises en commun. Le groupe propose une ou des solutions cohérentes avec les objectifs fixés.	Une production collective où sont rédigées les conclusions au projet et / ou les solutions définitives.

➔ **Toutes ces étapes doivent être consignées dans un carnet de bord au fur et à mesure. Il faut indiquer les dates, les durées, les difficultés rencontrées, la nature des travaux, les sources documentaires, les documents produits, les méthodes, les techniques utilisées.**

Tous les tableaux à remplir

→ Ressources numériques STMG, p. 8

EXEMPLE DE QUESTION

« L'affectation du résultat de l'entreprise... Quel impact sur le bilan et contrainte de son statut juridique ? »

Les sous-thèmes du programme à mobiliser :

- Affectation du résultat (Gestion Finance, thème 3)
- Bilan avant et après affectation (Gestion Finance, thème 3)
- La société commerciale (Droit, thème 8)
- Management : Les acteurs ; les parties prenantes (Management, thème 5)

Pour plus d'exemples de questions
→ Ressources numériques STMG, p. 6

Quel support écrit pour ce type de projet ?

Il est possible de faire un dossier, qui vous permettra de bien préparer votre oral. Pour cela le dossier pourra contenir :
– Le tableau de caractérisation de l'organisation.
– Le tableau de répartition des tâches.
– Les ressources que vous avez produites (par exemple : tableau d'amortissement d'immobilisation, bilan et compte de résultat, tableau des soldes intermédiaires de gestion, les budgets, ainsi qu'un document de synthèse indiquant la ou les solutions retenues, etc.).
Pour un exemple → Ressources numériques STMG, p. 7

KIT DE SURVIE

COMMENT IDENTIFIER VOS ATOUTS ?

EXERCICE

La présentation du super-héros

COMPÉTENCES TRAVAILLÉES : la créativité ; la maîtrise du corps et de la voix.

OBJECTIF : travailler sur l'estime de soi.

NOMBRE DE PERSONNES : 1 personne + minimum 1 personne pour le public.

DURÉE TOTALE : 7 minutes.

ÉTAPE 1 • PRÉPARATION
Tenez-vous devant le public. Le but de l'exercice est de vous présenter en portant le regard le plus positif possible sur vous. Pour cela, il s'agit de décrire vos qualités en les amplifiant au maximum et en exagérant les gestes qui accompagnent vos mots. Tout devient un exploit.

ÉTAPE 2 • PRÉSENTATION • 5 minutes
Vous avez carte blanche pour occuper l'espace, faire un simple discours voire chanter, si vous aimez chanter. Si vous voulez dire que vous savez très bien danser, vous pouvez même vous lancer dans une chorégraphie pour épater la galerie.
Si vous aimez cuisiner, dites à votre public que vous êtes un très grand chef ou une très grande cheffe étoilé·e. L'objectif n'est pas là d'aller chercher un argument pertinent mais de tout amplifier, à l'extrême, au-delà du sens de vos propos.
Cette activité permet de libérer les énergies, de lever les barrières, de poser un regard ultra-bienveillant sur vous, dans une société où l'on se dénigre trop souvent, où l'on apprécie parfois trop peu ses compétences.

ÉTAPE 3 • BILAN • 2 minutes
Le public vous donne son retour notamment pour vous dire si votre prestation, votre gestuelle, vos expressions du visage, correspondent bien à la valeur ou à la qualité que vous défendez. Si vos camarades ne parviennent pas à comprendre quelle était la qualité défendue, ils ou elles devront vous expliquer ce qui ne leur a pas semblé clair.

COMMENT IDENTIFIER VOS *SOFT SKILLS* ?

LES *SOFT SKILLS*, QU'EST-CE QUE C'EST ?

Les *soft skills* sont aussi connues en tant que « savoir-être », « compétences psychosociales », « compétences du XXIe siècle » ou « compétences transversales ».

Les principales *soft skills* :

- Capacité à prendre une décision ;
- Confiance en soi ;
- Capacité à avoir confiance dans les autres ;
- Capacité à communiquer ;
- Capacité à gérer son temps ;
- Capacité à gérer son stress et ses émotions ;
- Capacité à être créatif ou créative ;
- Capacité à entreprendre et à être audacieux ou audacieuse ;
- Capacité à se motiver et à motiver les autres ;
- Capacité à organiser son travail et celui des autres ;
- Capacité à visualiser un objectif et le chemin pour l'atteindre ;
- Capacité à faire preuve d'empathie.

COMMENT LES IDENTIFIER ?

EXERCICE

Les *soft skills*

COMPÉTENCES TRAVAILLÉES : l'introspection.

OBJECTIF : établir une liste de compétences personnelles.

NOMBRE DE PERSONNES : de 2 à 4 personnes.

DURÉE TOTALE : 1 heure.

ÉTAPE 1 • LE QUESTIONNEMENT • 30 minutes

Installez-vous avec deux ou trois personnes, face à face et interrogez-vous mutuellement à tour de rôle.

Les questions peuvent porter sur :

- Les activités personnelles. Cela peut être des activités tout à fait banales comme la lecture, aller au cinéma, etc. Il n'y a pas besoin de chercher l'originalité ou la spécialisation.
- Les qualités que les personnes interrogées pensent mobiliser à travers ces activités (par exemple, la concentration, l'endurance, etc.).

Encourager les personnes interrogées à aller le plus dans le détail possible.

EXEMPLE

Une élève jouant au football mobilise sans doute des qualités d'endurance, mais à quel poste joue-t-elle ? Quelles sont les qualités spécifiques à ce poste par rapport à d'autres ?

ÉTAPE 2 • DRESSEZ LA LISTE DES *SOFT SKILLS* • 10 minutes
À partir des qualités dégagées, essayez de mettre au point la liste de *soft skills* de la personne que vous avez interrogée.

EXEMPLE
On parlera de persévérance et de travail en équipe pour des pratiques de sports collectifs, de créativité et d'attention aux détails pour des activités artistiques, etc.

ÉTAPE 3 • LA VALIDATION • 20 minutes
Si possible, faites un bilan avec l'enseignant·e, qui le valide ou qui fait d'autres suggestions. Ainsi, tout le monde ressort de la séance avec une liste de *soft skills*, très intéressante pour son parcours d'orientation.

COMMENT IDENTIFIER VOS INTÉRÊTS ?

EXERCICE

Comprendre les environnements qui vous correspondent

COMPÉTENCES TRAVAILLÉES : l'introspection.

OBJECTIF : prendre conscience des environnements qui vous correspondent.

NOMBRE DE PERSONNES : de 2 à 4 personnes.

DURÉE TOTALE : de 30 minutes à 1 heure.

Le principe de l'activité est de se faire questionner sur sa personnalité par une ou plusieurs personnes afin de se regarder en « miroir ». Cela permet de cerner davantage votre personnalité, ce qui vous fait avancer et ce qui vous rebute, avec l'aide des autres.

ÉTAPE 1 • INTERROGEZ-VOUS SUR VOTRE PERSONNALITÉ • 15 minutes
En binôme ou en petit groupe, interrogez-vous mutuellement à tour de rôle. Posez-vous les questions ci-dessous :
– Quelles spécialités suivez-vous et laquelle aviez-vous en plus l'année passée ?
– Que percevez-vous comme vos qualités ?
– Que percevez-vous comme vos défauts ?
– Qu'est-ce qui vous fait avancer et pourquoi ?
– Qu'est-ce qui vous bloque et pourquoi ?

ÉTAPE 2 • RÉFLÉCHISSEZ LIBREMENT À DES ENVIRONNEMENTS PROFESSIONNELS • 15 minutes

La ou les personnes « questionneuses » donnent, à tour de rôle, leurs impressions à partir des traits de caractère exposés par la personne « questionnée ». L'idée n'est pas de soumettre ou de suggérer des idées de métier à la personne questionnée, mais d'échanger sur les environnements professionnels les plus adaptés à sa personnalité. La parole doit être assez libre. Si la personne exprime son besoin de sentir des valeurs de respect, de loyauté, de confiance, mais veut être tradeuse en banque d'affaires, il conviendra de lui montrer que ses besoins ne seront peut-être pas toujours satisfaits... Mais attention à ne tirer aucune conclusion ! C'est bien à la personne questionnée d'amorcer sa propre réflexion sur ce que lui auront dit les personnes questionneuses.

VARIANTE SI VOUS ÊTES AVEC UN·E ENSEIGNANT·E

ÉTAPE 3 • RESTITUTION ET QUESTIONNEMENT SEMI-DIRECTIF PAR L'ENSEIGNANT·E • 15 à 30 minutes

Les personnes questionnées restituent à l'enseignant·e leurs traits de personnalité en suivant le questionnaire évoqué plus haut dans l'exercice. Si elles ont un projet professionnel, l'enseignant·e met en relation ces traits de personnalité et son projet. L'accent doit être mis sur les qualités correspondant au secteur professionnel visé, et sur la façon dont il faut les mobiliser et les mettre en valeur. Ce stade correspond plus à une étape de conseils pratiques et méthodologiques mobilisant l'expertise du professeur ou de la professeure.

EXEMPLE

Si la personne questionnée exprime le fait qu'elle est plus efficace dans un travail solitaire, mais qu'elle rêve d'intégrer une jeune start-up, il est important de lui montrer les éventuelles difficultés qu'elle pourra rencontrer, de la pousser à réfléchir aux structures, aux métiers, dans lesquels le travail individualisé et autonome est apprécié. Exemple : avocat·e, fiscaliste, relecteur-correcteur ou relectrice-correctrice, développeur ou développeuse informatique, etc.

À l'issue de la séance, la personne questionnée doit avoir une meilleure connaissance d'elle-même et des environnements susceptibles de lui correspondre, sachant qu'aucune certitude ne peut être émise par les personnes questionneuses. La séance donne avant tout des pistes de réflexion.
Vous avez fait le point sur vos compétences scolaires, sur vos compétences personnelles et vous savez peut-être un peu mieux quels univers professionnels pourraient vous correspondre.
Si c'est, à ce stade, encore nécessaire pour vous, allez voir vos psy-EN avec ces éléments, pour identifier avec eux ou elles les cursus et les métiers liés qui s'ouvrent à vous dans le prolongement de vos spécialités.

Quand vous aurez identifié un métier, demandez-vous :
- Quelles études faire pour y parvenir ?
- Quelles sont les connaissances techniques requises ?
- Quelles sont les compétences personnelles nécessaires ?
Cela vous permettra de préparer votre fiche métier / secteur professionnel.
→ Comment faire une fiche métier / secteur professionnel ?, p. 281

À défaut d'être parvenu·e à cibler un métier précis, pour le Grand Oral, vous devrez au moins avoir ciblé un secteur professionnel. Plus vous aurez affiné votre idée, plus vous pourrez préparer ce troisième temps de l'oral de manière concrète. Saisissez surtout cette occasion pour ouvrir le champ des possibles, découvrir des pistes que vous n'auriez peut-être jamais envisagées.

COMMENT IDENTIFIER VOS ENGAGEMENTS ?

À titre d'exemple, voici une liste non exhaustive d'engagements qui pourraient être les vôtres et / ou vous inspirer.

Défense des droits de l'Homme (prisonniers politiques, tortures, etc.)
Défense des droits des enfants (travail des enfants, enfants soldats, violences familiales, etc.)
Défense des droits des femmes (discriminations, violences conjugales, violences sexuelles, etc.)
Abolition de la peine de mort
Réinsertion des marginaux (délinquant·es, drogué·es, etc.)
Lutte contre les discriminations et promotion de l'égalité
Défense de la liberté de la presse
Habitat / droit au logement
Écologie, protection de la planète, préservation de l'environnement
Solidarité : secours d'urgence en cas de catastrophe
Protection contre les grandes catastrophes naturelles et industrielles (risques majeurs)
Lutte contre la maltraitance animale
Défense des droits des consommateurs et des consommatrices
Santé et accès aux soins
Défense du droit à la contraception et à l'IVG
Aide et soutien aux malades
Handicap : discrimination, accessibilité, inclusion, recherche médicale
Lutte contre le terrorisme international
Lutte pour le désarmement (élimination des mines antipersonnel, etc.)
Respect envers autrui
Lutte contre la faim dans le monde
Lutte contre la pauvreté
Défense du droit au travail et à une protection sociale
Défense du droit de culte et reconnaissance des différentes religions, lutte contre les génocides
Approvisionnement en énergie et en matières premières
Lutte contre le racisme
Etc.

EXERCICE

« Moi, Président·e »

COMPÉTENCES TRAVAILLÉES : la créativité ; la structuration de votre propos ; la mobilisation de vos connaissances.

OBJECTIF : formuler des opinions assumées et argumentées.

NOMBRE DE PERSONNES : 1 personne + minimum 1 personne pour le public.

DURÉE TOTALE : 30 minutes.

Vous devez préparer un discours pour présenter les trois mesures que vous voudriez prendre ou les trois inégalités que vous souhaiteriez résorber, si vous étiez élu·e président·e de la République.

ÉTAPE 1 • PRÉPARATION • 20 minutes
Préparez le texte. Réfléchissez à une introduction dans laquelle vous vous mettez dans la peau du Président ou de la Présidente.
Présentez-vous comme tel·le, en remerciant le public de vous avoir élu·e.
Puis annoncez-votre plan : présentez les trois idées que vous allez défendre. Ensuite, développez ces trois mesures. Pour chaque idée, vous devez respecter ces trois temps :
- énonciation de la mesure (l'idée) ;
- explication de la mesure (les arguments) ;
- exemple de la façon dont elles seraient mises en œuvre (les exemples).

ÉTAPE 2 • DISCOURS DU PRÉSIDENT·OU DE LA PRÉSIDENTE • 5 minutes
Présentez ensuite votre discours au public, en détaillant vos mesures.

ÉTAPE 3 • DÉBAT ET BILAN • 5 minutes
Échangez ensuite avec le public. Il peut vous dire s'il approuve ou non vos mesures et pourquoi. Le public doit faire ses remarques en respectant les trois règles d'or (respect, écoute, bienveillance).

VARIANTE
Lorsque l'exercice doit être appliqué en milieu professionnel, on peut remplacer le titre « Moi, Président·e » par « Moi, P.D.G », « Moi, directeur ou directrice commerciale », etc.

EXERCICE

Les causes

COMPÉTENCES TRAVAILLÉES : l'introspection ; le développement de l'esprit critique ; la créativité ; la maîtrise du corps et de la voix ; la mobilisation de vos connaissances ; la structuration de votre propos.

OBJECTIFS : développer un argumentaire, convaincre.

NOMBRE DE PERSONNES : 1 personne + minimum 1 personne pour le public.

DURÉE TOTALE : variable en fonction du nombre de participant·es.

ÉTAPE 1 • PRÉPARATION DU DISCOURS

Vous devez préparer un discours sur ce qui vous tient à cœur ou ce qui vous révolte. Le temps de préparation du discours varie en fonction de la durée attendue. Sa durée maximum ne doit pas dépasser les 10 minutes.

Pour 3 minutes de discours (l'équivalent de 3 pages), il faut environ 1 heure de préparation. C'est la raison pour laquelle, dans ce cas de figure, préparez votre discours en amont, avant de le présenter. Ce temps de préparation sera un temps d'introspection, de recherche d'arguments et d'exemples qualitatifs.

Vous aurez également la possibilité d'apprendre votre discours pour vous détacher de vos notes. Plus ce temps de préparation sera long, plus les discours seront de qualité.

Pour cet exercice, vous pouvez adopter la structure classique du discours ou la structure analytique.

→ Les différents types de plan, p. 106

ÉTAPE 2 • LE DISCOURS

Le jour J, vous prenez la parole pour prononcer votre discours. Si vous dépassez 10 minutes de discours, ceux et celles qui vous écoutent peuvent vous interrompre.

ÉTAPE 3 • BILAN

Pendant le bilan, évaluez votre prestation, exprimez vos sensations. Puis discutez avec ceux et celles qui vous ont écouté·e.

COMMENT FAIRE UNE FICHE MÉTIER / SECTEUR PROFESSIONNEL ET UNE FICHE D'EXPÉRIENCES ?

ÉTAPE 1 • RÉPONDEZ AUX QQOQP

QUOI ? : En quoi consiste ce métier ? Le connaissez-vous véritablement au quotidien ? Si ce n'est pas le cas, faites des recherches, interrogez des gens qui l'exercent.
QUI ? : Est-ce un métier solitaire ou en équipe ?
OÙ ? : Ce métier exige-t-il une mobilité géographique ?
QUAND ? : Combien d'années d'études sont nécessaires ?
POURQUOI ? : Pourquoi voulez-vous faire ce métier ? (Pour faire comme votre mère ou votre père, par passion, pour des raisons financières, pour exprimer votre créativité, par sens de l'intérêt général, etc.)

ÉTAPE 2 • IDENTIFIEZ LES TROIS QUALITÉS PRINCIPALES NÉCESSAIRES POUR FAIRE CE MÉTIER

Faites-vous une fiche récapitulative sous forme de mots-clés pour les QQOQP et vos trois qualités.

EXEMPLE DE FICHE	
Métier / Secteur professionnel	
Quoi ?	Assistant·e de service social.
Qui ?	Un métier qui s'exerce en équipe.
Où ?	Il s'exerce partout et il y a de nombreux besoins.
Quand ?	Il faut obtenir le DEASS, à bac+3
Pourquoi ?	Vous envisagez de devenir assistant·e de service social. C'est un métier qui vous plaît parce qu'il s'exerce en équipe, pour lequel il y a beaucoup de besoins, et qu'on peut faire partout en France. Pour y parvenir, il faut obtenir le DEASS, à bac+3. C'est ce que vous voulez faire parce que vous voulez agir pour les plus fragiles.
Quelles qualités ?	L'empathie, l'adaptabilité et la rigueur.

➔ Modèle imprimable de la fiche métier / secteur professionnel

MINI-LIENS minilienrobert.com/1GT4

ÉTAPE 3 • VALORISEZ VOS EXPÉRIENCES ET VOS QUALITÉS

Trouvez trois expériences – une anecdote de job d'été, de stage, une expérience associative, sportive, etc. – qui vous permettent d'affirmer que vous êtes doté·e des qualités nécessaires pour faire le métier que vous avez identifié.

> **EXEMPLE**
> **Vous avez déjà effectué des maraudes pour venir en aide aux sans-abri ? Cela montre que vous avez le sens de l'empathie.**

Faites une synthèse de ces expériences.

EXEMPLE DE FICHE D'EXPÉRIENCES	
Titre de l'expérience A	**Aide aux sans-abri**
Récit de votre expérience A	J'ai effectué l'hiver dernier des maraudes avec une association de mon quartier pour venir en aide aux sans-abri, leur apporter un repas chaud et discuter avec eux.
En quoi cette expérience a révélé une qualité nécessaire pour faire ce métier ?	J'ai aimé sincèrement prendre ce temps avec eux, écouter leurs histoires, même si ce n'était pas toujours facile. Cela m'a permis de comprendre que j'étais quelqu'un d'empathique…
Phrase de transition vers l'expérience B.	… mais aussi que je ne supportais pas l'injustice. J'ai compris que je ne pourrai pas rester les bras croisés, je voulais agir…

Cette phrase de transition doit vous permettre de construire la suite de votre présentation, pour guider le jury.

→ La boussole à entretien, p. 151

➔ Modèle imprimable de la fiche d'expériences

MINI-LIENS minilienrobert.com/1GT5

LISTE DES EXERCICES

LISTE DES RESSOURCES NUMÉRIQUES

Le site grand-oral.lerobert.com	MINI-LIENS minilienrobert.com/1GTx
Grille indicative d'évaluation du Grand Oral	MINI-LIENS minilienrobert.com/1GT1
Bilan personnel initial	MINI-LIENS minilienrobert.com/1GT2
Comment prendre en main l'application folios.onisep ?	MINI-LIENS minilienrobert.com/1GT3
Fiche métier / secteur professionnel	MINI-LIENS minilienrobert.com/1GT4
Fiche d'expériences	MINI-LIENS minilienrobert.com/1GT5
Tableau « Vous et votre métier / secteur professionnel »	MINI-LIENS minilienrobert.com/1GT6
Tableau « Vous et vos études »	MINI-LIENS minilienrobert.com/1GT7
Pourquoi avez-vous choisi ces spécialités ?	MINI-LIENS minilienrobert.com/1GT8
Fiche de synthèse des deux parcours	MINI-LIENS minilienrobert.com/1GT9
Tableau revue de presse	MINI-LIENS minilienrobert.com/1GT10

Test de fiabilité des sources — MINI-LIENS minilienrobert.com/1GT11

Fiche de lecture — MINI-LIENS minilienrobert.com/1GT12

Tableau de bord des sources — MINI-LIENS minilienrobert.com/1GT13

Les éléments sur lesquels vous devez être vigilant·e lors de votre oral — MINI-LIENS minilienrobert.com/1GT14

Construction du plan à structure « classique » — MINI-LIENS minilienrobert.com/1GT15

LISTE DES RESSOURCES NUMÉRIQUES PAR SPÉCIALITÉ

Les ressources numériques pour l'HGGSP — MINI-LIENS minilienrobert.com/1GTHGGSP

Les ressources numériques pour l'HLP — MINI-LIENS minilienrobert.com/1GTHLP

Les ressources numériques pour les LLCER : l'exemple de l'Anglais — MINI-LIENS minilienrobert.com/1GTLLCER

Les ressources numériques pour les Mathématiques — MINI-LIENS minilienrobert.com/1GTMATHS

Les ressources numériques pour la NSI — MINI-LIENS minilienrobert.com/1GTNSI

Les ressources numériques pour la Physique-Chimie — MINI-LIENS minilienrobert.com/1GTPC

Les ressources numériques pour les SES — MINI-LIENS minilienrobert.com/1GTSES

Les ressources numériques pour les SVT — MINI-LIENS minilienrobert.com/1GTSVT

Les ressources numériques pour les STMG — MINI-LIENS minilienrobert.com/1GTSTMG

N° éditeur : 10258255 - Dépôt légal : août 2020
Imprimé en France par SEPEC en août 2020 - 06601200705